中華民國七十一年十一月初版

文化哲學講錄(二)

基本定價貳元捌角玖分

著作者　鄔昆如
發行人　莊剛彰
出版者　東大圖書有限公司
總經銷　三民書局股份有限公司
印刷所　東大圖書有限公司
臺北市重慶南路一段六十一號二樓
郵政劃撥一〇七一七五號

行政院新聞局登記證局版臺業字第〇一九七號

滄海叢刊

文化哲學講錄

（二）

鄔昆如 著

1982

東大圖書公司印行

文化哲學講錄（二）　目次

先秦儒家社會哲學

哲學的發展，到了當代，已經漸漸關心到社會的具體課題。而社會哲學原是文化哲學的一支。文化哲學的興起和發展，則是近二百年哲學界的盛事❶。哲學在這二個世紀所關心的文化問題，分由兩個面向來探討；而且，在時間的分配上也很平均：前一百年着重歷史哲學，後一百年關心社會哲學❷。歷史和社會的哲學課題，恰好以縱橫的交叉座標，涵蓋了整體文化哲學的內涵：歷史探討文化縱的發展，其哲學問題的核心專注在對過去的檢討，以期透過對現狀的觀察，而向着未來瞻望；社會則是人類文化橫截面的現象，其哲學課題是要透視現象，以求達到文化本體的層面。

❶ 參閱 Alois Dempf, Kultur-philosophie, Philosophische Fakultät, Münchem HSV 198/1. S. 3。
❷ 同上。

如此，從歷史的縱的探討，以及從社會橫的觀察，架構着文化整體的體系。

中國古代文化的表象，無論其為「春秋」的筆法所記載下來，或是由「禮記」的模式展示出來，在在都涵蓋了歷史的發展，以及社會的結構；而且，在歷史發展和社會結構中，不滿意於事實和事件的記述，而是加上了價值的批判❸。

禮記一書雖然不一定是先秦的作品，但是其中所記載的學說，則無疑地是中國古代社會理想，以及歷史觀感所認同的綜合思想❹。其中禮運篇有關社會理想的描述，無論是筆傳的，或者是口傳的傳統，都是與先秦銜接的，尤其是與孔子的思想銜接的❺。在另一方面，大學和中庸也是如此；其內容所展示的，的確與詩經、書經的意義相符❻。如果我們把禮運所描寫的「天下為公、世界大同」的情況，作為中國古代傳統對歷史的信心，以及對社會的寄望的話，則這信心和寄望就成為中國古代政治社會的指導原則。同樣，展望着人類社會發展的這種終極目標，大學還提出了實踐的方案，那就是三綱領八條目的漸進原則；這原則的落實，不但可窺見中國古代政治社會對終極目標的嚮往，以及內聖外王的雄心，而且更可濃縮出「皆以修身為本」，而從修身經

❸參閱黎東方著歷史不僅僅是一種科學，哲學與文化月刊第六期，民國六十三年八月一日，第八頁。
❹參閱張其昀著孔子新傳，華岡出版部，民國六十三年六月版，第二四九頁。
❺同上。
❻同上第二八七頁。

齊家、治國，一直到平天下的社會目標❼。誠然，這修、齊、治、平的漸進原則，算是爲達到太平世的方法，而這方法的確也與另一部古書的春秋，有着莫大的關連，後者所提出的，從據亂世到昇平世，再到太平世，其結果還是屬於天下平的境界。

這「太平世」，「天下平」，「天下爲公，世界大同」，不都是同義異字的套套邏輯❽？

從儒、道、法三家所開創的理路來看中國先秦的原始思想，我們不難看到：中國哲學在最早期所關懷的，是「人」的問題，而且，環繞着「人」的核心，設法處理人間世所有發生的課題。道家指出了，一個人生存在天和地之間，如何安身立命；而且把哲學問題，濃縮到「人與自然」的原始關係中，因而對人際關係，有着幾許敏感，儘量設法減少人與人之間的關係探討，好讓個人在縱的「道與人」的開展中，展示出人與自然和諧的境界❾。至於儒家則在另一方面，關懷着人與人的具體關係，把人際關係看成個人修成的康莊大道；在儒家思想中，個人不是單獨的，更不是孤立的，而是天生來就有羣體性，人生也就是在羣我關係中成長。因此，在人際關係的課題中，儒家肩負着重大的使命，卽是提倡與人仁愛，提倡行王道，提倡施仁政❿。如果說儒家設法

❼ 參閱鄔昆如著孔孟提升人性的概念——君子與聖人，臺大哲學論評第四期，民國七十年一月，第一五頁。

❽ 套套邏輯卽英語之 Tautology，意爲同義異字，爲邏輯用語。

❾ 參閱鄔昆如著我們的人生觀，文化哲學講錄㈠東大圖書公司，民國六十八年二月，第一四一頁。

❿ 參閱方東美著儒家哲學——孔子哲學，方東美先生演講集，黎明文化事業公司，民國六十七年八月，第一七〇頁。

在人際關係中，奠定那指導原則和實踐原則的話，則法家採取了更爲落實的看法和做法，而在具體的社會中，作漸進的社會改善；在除惡務盡的志願下，一步步消滅人間世的罪惡⑪。這樣，中國哲學的特質，也就在於給予人智慧，設法使自己與自然和諧、與人仁愛，不違反生活規範。但是，這些努力卻都在展望着同一的目標，那就是幸福美滿的太平世的來臨。

上面對儒、道、法的描寫，原亦只是其哲學理論的表象；哲學討論問題所關懷的核心課題，卻不願停留在這些「如此這般」的解釋，而是要在這些思想的原則上，問及「爲什麼」的問題：人生爲什麼要與自然和諧？人爲什麼要在生活中與人仁愛？人爲什麼要負起消除邪惡的責任？

面對這些純哲學性的問題，我們選擇了儒家所關心的人際關係，以及由之而引伸出來的「與人仁愛」的原則。我們分由三個面向來探討：首先，我們站在課題的外面，儘量放棄主觀的成見，而用歷史發展的眼光，來研究從孔子到荀子的哲學思想發展。然後，我們在歷史發展的脈絡中，進入問題的核心，設法把握住他們對社會、對社會中的人與自然、人與物的見解，作爲進入人與人之間的人際關係的規範；尤其辯證出，這些規範的哲學基礎。最後，我們站立在當代社會的情況下，給予中國先秦社會哲學中，儒家所應有的地位；或者，許可的話，指出古代思想在當代實踐的可能性與極限，以及其可能的改善方案；這也就是在探討先秦儒家社會哲學的當代意義。

---

⑪ 鄔昆如著先秦儒家社會哲學，孔孟月刊第十九卷第十一期，民國七十年九月，第一六九頁。

第一章 史的發展

在一些經典的記載中，由於哲學性的「太初」問題的探討⑫，中國以農立國的傳統，設計了古代一些富有憂患意識，以及服務人生觀的社會領袖，如神農、伏羲、燧人、有巢等等⑬；一方面用具體的名字使當時人們有所依賴，他方面用這些名詞來形容日常生活人文化的食、衣、住、行的生活必需。這些先知先覺之士所以被記載和描述，那是因爲因果原則在思考上運用的功能，用來解釋農業社會中，人文氣息終於戰勝了荒蠻，而在人與自然之爭中，人的智慧獲得了全面的勝利；而這勝利的獲得，最重要的當然是人利用了智慧，克服了各種生活上的困難。我們可以想像，原始人類的生活，原與禽獸無異，樹上有果子，摘來吃了；樹上沒有果子，祇好挨餓；野地裏有兔子，捕來宰吃充饑，野外沒有禽獸出沒，也就祇好挨餓。人羣中有神農氏出來，敎人民把果子的種子留下來，自己來種，把野地裏的禽獸抓回來養，以備不時之需；於是，最早的農耕社會就形成了。同樣，有巢氏發明了居室，燧人氏發明了火，敎人熟食等等，都是原始人類擺脫了荒蠻，而進入文明的表象。史書中記載的人名，表面上看來是屬於神話、史前史，但其意象中，

⑫ 鄔昆如著先蘇格拉底期的「太初」問題探討，臺大哲學論評第一期，民國六十年七月，第二頁。
⑬ 參閱陳元德著中國古代哲學史，臺灣中華書局，民五十一年臺二版，第九、十頁。

卻是隱含了：聰明才智之士自覺到自己的智慧高人一等，同時看見了民間疾苦，於是貢獻自己的心力，爲羣體大眾服務。從儒者對歷史的追述中，我們很確定地，道出了服務的人生觀，以及憂患意識；這種人生觀及意識，再經過堯、舜、禹的三代禪讓，到禮記時，就濃縮成「選賢與能」的社會領袖的條件。

原始的社會領袖原是因爲自身的「能」，不但窺見了同類的命運，同時更能够改造環境，使荒蠻改變成文明；更進一步，能把人類的命運，轉變成自己的使命：體認出自身天生來的聰明才智，不單是爲自己用，而且應爲別人提供服務；這種服務人羣的心意，也就是屬於「賢」的範疇，是屬於豐饒的心靈的。

「賢」和「能」的社會領袖，目的都是在「正德、利用、厚生」[14]，都是在爲羣體大眾的利益。「民本」的精神，原是中國古代文化的通性。

但是，這般美好的日子並沒有一直繼續下去，到了春秋，一切都改變了，成爲「世衰道微，邪說暴行有作；臣弑其君者有之，子弑其父者有之」[15]的局面。這也就是說，聰明才智之士自覺到自己天賦的智慧，但卻不肯用來造福社會人羣，卻用來爭名奪利；當時諸侯相互間的爭奪，強欺弱，大吃小的現象，都成了「世衰道微，邪說暴行有作」的事實，而終於引發了「孔子懼，作

[14] 書經大禹謨。
[15] 孟子滕文公下。

春秋」⑯的行動。

先秦原始各家各派的誕生，都在展示出一種事實，那就是在一些頭腦聰明、心靈卻不豐饒的政客，掀起你爭我奪的「春秋」時代，以及隨着來的「戰國」時代時，同時亦催生了一些聰明才智高，而且具有富饒心靈的思想家，後者指出了問題的所在，以及提出了化解問題的根本方法。孔子在這裏提出了「正名」的原則，亦就是爲社會秩序鋪設了最基本的道途。「孔子成春秋，亂臣賊子懼」⑰的描述，也正是在亂世中，哲學所能够提出化解之道的理由。

孔子作春秋，以及其周遊列國，其動機亦都是希望在亂世中找出「治」道的方案。國家社會的「治」，也就是人們心中所嚮往的安定的、和樂的、自由的、互助的社會。禮記的禮運篇，作了下列的濃縮：

「大道之行也，天下爲公。選賢與能，講信修睦。故人不獨親其親，不獨子其子；使老有所終，壯有所用，幼有所長，矜寡孤獨廢疾者皆有所養；男有分，女有歸；貨惡其棄於地也，不必藏諸己；力惡其不出於身也，不必爲己。是故謀閉而不興，盜竊亂賊而不作，故外戶而不閉，是謂大同。」⑱

⑯ 同上。
⑰ 同上。
⑱ 禮記禮運。

這篇被稱爲禮運大同篇的經典，雖被劃定爲儒家的產品，但事實上卻是整個先秦社會理想的描寫。它一方面是中國歷史哲學對未來的展望，另一方面則是社會哲學權威面的嚮往⑲。

「天下爲公」一句，就涵蓋了春秋亂世中，理想的政治社會所需要的最終目標；當然，爲政者在這方面的責任是排在最前面的。但是，這「公」概念因爲涵蓋太廣，因而需要許多解釋，甚至需要比較具體的解釋：

首先就是它的「選賢與能」的解釋；賢和能的政府，是邁向「公」的首要條件；國家社會領袖階層的人才，應是最先列入考慮的。當然，這「賢」和「能」的要求，並不是純粹的理想，更不是憑空的妄想，而是有歷史中的典範的；那就是承傳着從堯、舜、禹、湯、文、武、周公的道統；這道統展示了爲政者的心態，是在憂患意識，以及服務的人生觀中，把百姓的命運，改變成自己的使命的。前面說過，「賢」是豐饒的心靈，「能」是聰明的頭腦；「賢」的優位，也正顯示着德治和王道的精義。因爲「賢者」縱使才能不足，不能爲官，但至少是良民，是構成家庭、國家社會的優秀份子；而「能者」若不賢，則就爲害社會大眾了。也就因此，政府的「賢」和「能」是二者都必需同時存在的條件。「選賢與能」的語句，所以成爲指導原則的理由，就是無論在君主政體，或是民主政體，或是君主立憲，祇要是在羣體生活組織中，都是永不更改的原則。

「講信修睦」是指出人際關係中，最根本的想法和做法；朋友有信的德目也好，敦親睦鄰的

⑲ 參閱鄔昆如著中國政治哲學，華視教學部，民國七十一年三月，第一七五頁。

德行也好，亦都是人與人之間交往的大經大法。人與人之間的交往靠「信」，人與人之間共同相處靠「睦」。農業社會中交友要講信用，工商社會中交友仍然要講信用；農業社會中的「鄰居」祇是左右，與左鄰右舍應該敦親睦鄰；工業社會中的「鄰居」已成爲上下左右前後（公寓式、大廈式），但是，仍然要敦親睦鄰。

這種敦親睦鄰的原則，再往前一步推進，也就是推己及人的美德，是「人不獨親其親，不獨子其子」，到達「四海之內，皆兄弟也」[20]的胸懷，而眞正突破家庭，做到「由親及疏，由近及遠」的仁愛行爲。這樣，社會中因爲人人都準備好關懷別人，扶持別人，於是就出現了「老有所終，壯有所用，幼有所長，矜寡孤獨廢疾者，皆有所養」的景象。

這景象由於「互助」「合作」的精神所創建；合作的完美意義在適當的分工，那也就形成「男有分，女有歸」的濃縮。

到這裏，還是停留在理論性的階段，而一般百姓所要求的切身課題，還是民生問題；首先要解決食、衣、住、行的問題；於是，需要完善的經濟體制，而提出了「貨惡其棄於地也，不必藏諸己」，以及「力惡其不出於身也，不必爲己」的提案。這也正是突破「私」，走向「公」的過程：是對社會公益事業，有錢出錢，有力出力的描寫。連同上面的「老有所終」等語句，共同締造着：各盡所能，各取所需的理想社會；也就是把天下看成一家，把所有的人都看成一家人。這

[20] 論語顏淵。

樣，「家」的擴大，以及「私」的超越，當然就創造出公德心充溢着的社會，在消極上是「謀閉而不興，盜竊亂賊而不作，外戶而不閉」的景象，是路不拾遺、夜不閉戶，治安非常良好的理想社會。

當然，在亂世中提出這樣崇高的理想，並不意味着一蹴就成，而是需要按部就班的「據亂世、昇平世、太平世」的漸進過程；而這漸進的理論程序，更落實到每一個人的具體生活中，也就成了修身、齊家、治國、平天下的漸進原則。

在這漸進原則的哲學基礎探討下，我們展開來兩個面向來進展，先是從論語經中庸到孟子的「修」的概念，展現出儒家方法論的變遷；然後從孔子經孟子到荀子的「人性論」，探討其方法論背後的人性動力的課題。

壹、「修」概念的發展

大學中所結論出的「皆以修身爲本」的原則，亦就是界定了「平天下」的起步工作。修、齊、治、平的漸進原則，奠定在「修」的根本上。「修」是內聖的工夫，其目的是要修成「聖人」㉑。在儒家心目中，「聖人之治」才是安和樂利社會的基礎。在中國內聖外王的設計上，儒家祇認同從內聖走向外王的單向通道，以爲唯有有德的君王，才能够使國家大治。「以德化人」

㉑ 論語學不厭以及敎不倦所導引的仁和智，（述而），孟子公孫丑上，綜合之爲「聖」。

以及「上行下效」的信念，是儒家羣體生活牢不可破的想法。

如此，如何修成聖人，也就成了治道最先決的問題；而「修」的方案，也是被探討最多的課題㉒。

今試就從論語、中庸、孟子，依序說明「修」概念的意義以及其演變。

一、**論語**：論語中，「聖人」是人格修成的極致，述而篇所展示的，是由「學不厭」的「知」，以及「教不倦」的「仁」所綜合而成。孟子公孫丑篇所作的結論：「仁且知，夫子既聖矣！」一方面指出孔子已到達了聖人的地步，另方面亦強調了抵達聖的道路㉓。

「學不厭」指陳着學者對學習的態度，以及勤奮的性格；尤其是自認自身的無知，以及學問不足，虛心學習的心胸。這也就能理解出孔子的：「三人行，必有我師焉」㉔的看法。這種學習的開放心胸，原才是獲得知識的穩健途徑。

「教不倦」的精神，不但在於「有教無類」㉕的泛愛眾人的心性，而且亦能在不厭其煩地，作「因才施教」的教學方法㉖。

㉒ 論語中「君子」一詞，出現了一百零七次，「聖人」一詞亦出現了四次，「聖」概念亦有四次。

㉓ 同⑦，第八頁。

㉔ 論語述而。

㉕ 論語衞靈公。

㉖ 論語記載中，不同的弟子，問及同樣的問題，所獲得的答案不同，就是例證。就如顏淵問仁，子曰：「克己復禮爲仁。」樊遲問仁，子曰：「愛人。」（以上顏淵）樊遲問仁，子曰：「居處恭，執事敬，與人忠。」（子路）子張問仁，子曰：「能行五者於天下，爲仁矣。」（陽貨）等等。

「不厭」與「不倦」都是精神的表現，是決心和恒心充實自己，以及造福他人的偉大心胸。但是，究竟「學」什麼？「教」什麼？

從史記孔子世家中㉗，可獲知孔門弟子所學的是六藝。六藝也就是禮、樂、射、御、書、數，是文武兼備的。

從「三人行，必有我師焉」的「學」，經「有教無類」以及「因才施教」的「教」，到對六藝的精通，都是從凡人走向聖人的地步的方法。但是，這種思路的開展，似乎仍是理論性的，怎末樣把學得的六藝在生活中表現出來，才是問題的核心。孔子在極簡略的自傳中，曾經說過：「吾十五而志於學，三十而立，四十而不惑，五十而知天命，六十而耳順，七十而從心所欲，不踰矩。」㉘這樣，從「志於學」開始，經過生命體驗的「立」，「不惑」，「知天命」，「耳順」，一直到「從心所欲」，都是漸進的原則，亦是孔子自己心智成長的自我反省。

在這個反省中，把六藝之首的「禮」作爲最先探討的對象的話，無論是「克己復禮爲仁」㉙，或是「不知禮，無以立」㉚，或是把「孝弟也者，其爲仁之本與」㉛與「生，事之以禮；死，

㉗ 史記孔子世家。
㉘ 論語爲政。
㉙ 論語顏淵。
㉚ 論語堯曰。
㉛ 論語學而。

葬之以禮，祭之以禮」[32]連起來理解，或是「君子博學於文，約之以禮」[33]，或是「恭而無禮則勞，愼而無禮則葸，勇而無禮則亂，直而無禮則絞」[34]，或是「興於詩，立於禮，成於樂」[35]，或是「不學禮，無以立」[36]，或是「非禮勿視，非禮勿聽，非禮勿言，非禮勿動」[37]等等的描寫，都是說明「禮」在生命與心智成長過程中的重要性。尤其是在一個人的「安身『立』命」的人生大事上，更是不可或缺的起步工作。

再次，把「禮」當成爲「自立」的內聖工夫，或是以之作爲「立人」的外王工作，亦都能涵蓋上面說過的「學」和「敎」的全燔意義。自己對自己，自己對他人，其關係都奠定在「禮」之上。

再來是談到「學」的主體，以及「敎」的對象。在論語的聰明才智分等中，都是以「中人」作中心，往上向下延伸。那就是「上智」與「下愚」。「中人以上，可以語上也；中人以下，不可以語上也。」[38]而且亦指出「唯上智與下愚，不移。」[39]聰明才智的等級，因而是：「生而知

[32] 論語爲政。
[33] 論語雍也。
[34] 論語泰伯。
[35] 同上。
[36] 論語季氏。
[37] 論語顏淵。
[38] 論語雍也。
[39] 論語陽貨。

之者，上也；學而知之者，次也；困而學之，又其次也；困而不學，民斯爲下矣。」㊵孔子自己則自謙爲：「我非生而知之者，好古，敏以求之者也。」㊶

「中人」因此就成了「教」和「學」的主體和對象，因而亦就展示出人性超升的可能性；當然同時亦不否認墮落的或然性。

「修」的強調，也就是由於這種向上發展，以及向下沒落的可能性所證實。

「教」和「學」在知識論上，本來是「知」的行爲，可是，在孔子看來，卻是道德的課題，他的那句「知之爲知之，不知爲不知，是知也」㊷的表出，也正是從「知」走向「誠」，從「知識」的層次，走向「道德」的層次。

「誠」的課題，發揮得特殊的，就是中庸。

二、中庸：中庸思想，不但在「學」的領域，以及在「教」的層次上，發揮其功能，而且是在本體的高處，探討宇宙的根本問題，然後把人生安排到宇宙之中，作爲人文化成的最終理解。

「誠」概念是中庸引領人走向「天人合一」境界的媒介：

「唯天下至誠，爲能盡其性，能盡其性，則能盡人之性；能盡人之性，則能盡物之性；能

㊵ 論語季氏。
㊶ 論語述而。
㊷ 論語爲政。

盡物之性，則可以贊天地之化育；可以贊天地之化育，則可以與天地參矣。」㊸

如果說論語提出了：人如何修成聖人，而提出「學」和「敎」的二種相輔相成的方法，達到「智」和「仁」的階段，而「仁且智」本身就是「賢」者的風範；則中庸進一步，描繪出「聖人」本身的頂天立地，即是「與天地參」的本體境界。

在學不厭、敎不倦的精神內，「天命」的意識，原亦是修成途中非常重要的因素，論語中的「畏天命，畏大人，畏聖人之言」㊹說明了君子所關心以及要篤行的事。而中庸則在人性的理解上，毫不諱言地說出了「天命」的概念：

「天命之謂性，率性之謂道，修道之謂敎。」㊺

於是，人性的問題，教育的問題，修德的問題，都和天命連繫起來了。然後更在「誠」的理念上，連貫着天際和人際，而說出：

「誠者，天之道也；誠之者，人之道也。」㊻

這樣，天、人、物都合成一體，還有什麼境界比這種本體的提昇更高呢？其「天人合一」以及「物我相忘」的表象，豈不是濃縮了先秦思想的精華？

㊸ 中庸第廿三章。
㊹ 論語季氏。
㊺ 中庸第一章。
㊻ 中庸第二〇章。

當然，中庸的思想也不是完全架空在形而上的，它亦有許多具體的實踐原則，像「君子之道，造端乎夫婦」㊼就是講人際關係中，家的原始；像「故君子愼其獨也」㊽亦卽個人對自己的修身課題；像「君子之道四……所求乎子，以事父；……所求乎臣，以事君；……所求乎弟，以事兄；……所求乎朋友，先施之……」㊾這些都是中庸在透過「誠」的媒介，而在具體的人際關係中，從修身做起，然後透過齊家、交友等具體方案，而爲人，而做事。

這樣，中庸思想的體系，較論語進步了，那就是在不喪失「修」的意義內，加強了「天」和「聖」的層次：在縱的發展中，從君子到仁，從仁到聖，從聖到天；而橫的發展則是從愼獨到齊家，再到治國。

論語中「天縱之將聖」㊿的概念，多少富有超越天的意味，而中庸的「誠」則是「誠者，天之道也；誠之者，人之道也」(51)，把超越的「天道」，轉化成內存的「人道」；而且貫通了天人之際，而成爲「與天地參」的人生境界。

「修」概念到了中庸，不但指出了方法的濃縮「誠」，而且指出了其最終目的「與天地參」。

㊼ 中庸第十二章。
㊽ 同上。
㊾ 中庸第十三章。
㊿ 論語子罕。
(51) 中庸第二〇章。

三、孟子：修的方法和目標，到了孟子，就開始集其大成。聖者的生活也就是：「盡其心者，知其性也；知其性，則知天矣。存其心，養其性，所以事天也。」㊿我們把孟子的這一段話，拿來和中庸的一段作比較：「唯天下至誠，為能盡其性；能盡其性，則能盡人之性；能盡人之性，則能盡物之性；能盡物之性，則可以贊天地之化育；可以贊天地之化育，則可以與天地參矣。」[53]

這兩段話的異同，很容易在「物」「人」「心」「性」「天」等概念中，比較出來。中庸的盡性→人性→物性→天，都是用「誠」概念作為起點；「誠」是一種行為。而孟子所展示的，有兩個面向：一個是盡心→知性→知天；另一個是存心→養性→事天。而兩個面向所作為起點的，是直接涉及到發生「誠」的主體，那就是「心」「性」；而「心性」所以行動的目標，則直接指向「天」；而且，從第一面向的「知天」，到第二面向的「事天」。

這種思想的脈絡，很清楚地提供了知識層次的盡心、知性、知天，以及實踐層次的存心、養性、事天。這樣，「聖人」的「教」和「學」不但在實質的禮、樂、射、御、書、數中下工夫，同時更在學問的深層，關心到知識主體的心性問題；而這心性的最終歸宿，向着形而上的世界開放，直指超越的天。孟子的思想，不但在知的層次上，要層層上升，從盡心到知性，從知性到知

[52] 孟子盡心上。
[53] 中庸第廿三章。

天；而且在行的實踐上，亦要從存心到養性，從養性到事天。

中庸設法瞭解的「至誠如神」[54]，或者是「以德配天」[55]，或者是「與天地參」[56]，雖然發現了「天人合一」的展望和遠景；甚至，「天命之謂性」的說法，的確也說明了人性來由。但是，孟子在這方面，卻更能給予「修身」的動機，那就是更具體的「聖人」，作爲內存於人心的可能性。而且，孔子在論語中的「若聖與仁，則吾豈敢」[57]的自謙，到了孟子，則變成了浩然之氣與十足的自信和自許。他說：「舜，人也；我，亦人也」[58]，「聖人與我同類」[59]，因而結論出「人皆可以爲堯舜」[60]。在孟子看來，人天生來就有成爲聖人的可能性；祇要用「知天」和「事天」的二套工夫，就可以成爲聖人；而知天和事天，也祇是心中的「誠」的成果。

「萬物皆備於我，反身而誠，樂莫大焉。」[61]的語句，亦在展示出，心靈存在所涵蓋的範圍；而這內心所自然發出來的，也正是修德的條目：

[54] 中庸第廿四章。
[55] 中庸第卅一章。
[56] 中庸第廿二章。
[57] 論語述而。
[58] 孟子離婁下。
[59] 孟子告子上。
[60] 孟子告子下。
[61] 孟子盡心上。

「惻隱之心，仁之端也；羞惡之心，義之端也；辭讓之心，禮之端也；是非之心，智之端也。」[62]

四端所指出的仁、義、禮、智，是孟子修身的條目，也是他修成聖人的方法。

這條目和方法落實下來，就是人際關係，也就是人倫：「父子有親，君臣有義，夫婦有別，長幼有序，朋友有信。」[63]在論語中，其「正名」的原理，亦提出過「君君臣臣，父父子子」[64]；當然，其涵蓋面比較小，亦沒有那末具體而已。

這人倫的五種基本的人際關係，在先秦的社會中，最外層的是君臣和朋友，內層的是家庭中的父子、夫婦、兄弟。這些基本關係中導引出來的德目：親、義、別、序、信，包含了最基本的構成家庭、國家、社會、世界的因素。社會秩序中的長上和屬下，包含在君臣關係之中；而羣體大眾，除了家人親戚之外，除了長上屬下的關係之外，都成了朋友的關係，亦可以說是羣己關係；其它三倫：父子、夫婦、兄弟都是「家」的範疇。這不但表示出從「修身」到「齊家」的通路的重要性，而且指出「家」的正常化，對人性進德修業的必需性。

「修」的體系，在孟子看來，從「萬物皆備於我」以及「人皆可以爲堯舜」的信念，於是可

[62] 孟子公孫丑上。
[63] 孟子滕文公上。
[64] 論語顏淵。

以層層上升，一直到人性發展的極限，這也就是心靈超度的階梯次序：

「可欲之謂善，有諸己之謂信，充實之謂美，充實而有光輝之謂大，大而化之之謂聖，聖而不可知之之謂神。」65

這種善、信、美、大、聖、神的階梯，顯然的是「從人到神」的發展線索。這也正是別處所說的：「君子所過者化，所存者神，上下與天地同流。」66

「人」於是成了宇宙之中的寵物，他是「萬物之靈」67，他能透過「誠」而與天地參，能透過「欲」到達神的境界，他同時能够由親及疏，由近及遠，亦卽是：「親親而仁民，仁民而愛物。」68

「修」的概念發展，從論語經中庸到孟子，也就開展了「人與自己」，「人與人」，「人與物」，「人與天」的多重關係；一方面理解着人生存在天和地之間的安身立命的課題，另一方面領悟到人生活在人與人之間的仁愛互助的原理，尤其是勉勵人付諸實踐的原則。

貳、人性論的流變

65 孟子盡心下。
66 孟子盡心上。
67 書經周書泰誓上：「惟天地萬物父母，惟人萬物之靈。」
68 孟子盡心上。

從前面「修」概念的開展，我們窺見了「人」的各種關係，並在各種關係的交往當中，探討出人性超升的可能性。在這裏，我們更進一步，直接討論「人性」的課題。儒家在先秦時代的哲學中，人際關係奠基在個人的「修」養上，個人的「修」，才是齊家的基本因素，由家齊而治國，由國治而天下平。

「修」的課題，暴露出一個事實，那卽是「人性」的現狀尙未達到「完美」的境界；「修」的提案，也祇是幫助原就是不完美的人，一步步走向完美，而止息在「止於至善」的領域內。這樣，「修」是使人走向完美的道途，「人性」究竟是「順」着本性去修呢？還是「逆」着本性去修？也就是問及：面對着目標的「至善」，人性是「向善」的呢？還是反過來「向惡」？這也就是「性善」或者「性惡」的課題。

「性」的善惡，直接影響到政治體制的選擇：要德化呢？還是要力服？主張性善的孟子，很自然地就強調德治和王道的體制；主張性惡的荀子，也就敎導出主張法治的韓非，以及實行法治的李斯。但是，第三個問題是：法治和德治是否爲二元的對立？抑或是二者淵源自共同的根本？或者更進一步，可以共同存在，互助合作？

關於這個問題，我們設法透過從孔子經孟子到荀子的思路來理解。

一、孔子：對人性的直接理解，孔子雖然被冠上了「夫子之言性與天道，不可得而聞也」[69]，

[69] 論語公冶長。

但畢竟還是提出了「性相近也，習相遠也」⑳的一般原理。「性相近」的注解，大都以爲是「人同此心，心同此理」的人類共識，人性本身天生來是差不多的，善惡的產生並非由生來的天性，而是由於人爲，這人爲就是「習相遠」的意義㉑。照孔子的意思，似乎說人性本身並不是分善惡的對象，而是善惡所由出，但本身卻是善惡未分之前的狀態。

但是，在間接的理解上，在論及一些德目時，卻又暴露出人本身的向惡特性，或是至少展示出行善的困難；像有關「仁」的問題，就有「克己復禮爲仁」㉒的說法，而這「克己」的工夫，也不是輕而易舉的，卻是需要作很大的努力的，那就是「非禮勿視，非禮勿聽，非禮勿言，非禮勿動」㉓，卽是說人的思言行爲都得合乎禮。這種屬於「知之非艱，行之維艱」㉔的說法，不就表明「向善」並不是件易事？

當然，在另一方面，孔子亦指出了它的簡易的一面，那就是：「子曰：仁乎遠哉？我欲仁，斯仁至矣！」㉕

---

⑳ 論語陽貨。
㉑ 參閱唐君毅著中國哲學原論——原性篇，新亞研究所，民國六十八年二月四版，第一三——一四頁。並參閱牟宗三著心體與性體第一册，正中書局，民國五十七年五月，第二一七頁。
㉒ 論語顏淵。
㉓ 同上。
㉔ 書經說命中。
㉕ 論語述而。

孔子把人性的善惡問題，開放給雙重的可能性，即是可善可惡的，可以向善，亦可以向惡的，這點不能不說是隱含了「自由意志」的概念：人固然有自由選擇，但其擇善或擇惡，都是要自己負責的。

二、孟子：站在人生的理想方面，發掘了人心靈深處的四端，而推論人的性善：

「惻隱之心，仁之端也；羞惡之心，義之端也；辭讓之心，禮之端也；是非之心，智之端也。」[76]

而更重要的，把這四端都看作是與生俱來的，屬於人性的，缺少任何一端，就不是人：

「無惻隱之心，非人也；無羞惡之心，非人也；無辭讓之心，非人也；無是非之心，非人也。」[77]

人性在孟子看來，也就由於具有這仁、義、禮、智四端，而對四端的把握以及運用實踐，就是「盡心知性」，而從盡心知性而「知天」；同時亦是「存心養性」，而後實踐「事天」的行爲。

因爲人的性善，亦即是都有向善的天性，因而才眞正有足夠的動機，使人「修德立功」，而達到聖人的地步。

---

[76] 孟子公孫丑上。
[77] 同上。

當然，孟子的「心」學，以及提出的四端，也正是反映當時戰國時代道德沒落的背景，諸侯爭霸的事實，而設法以鼓勵的教育法，彰顯人性的高貴，而激發時人向善的心志；而以善行來取代當時的紛亂局面，但是，在另一方面，孔子周遊列國宣揚仁政，並沒有獲得諸侯的認同，到了戰國時代，情況比春秋更壞，孟子挺身而出，指點迷津，提出化解之道，用苦口婆心的精神，誘導君王諸侯行王道，倡仁義禮智，同樣沒有收到預期的效果。到了荀子一代，社會秩序更形紛亂，諸侯相互間的爭執越來越尖銳；於是荀子放棄了孟子的鼓勵方法，而改用制裁的手段，從事實的層面出發，揭示了人性的另一面貌。

三、荀子：氏毫不諱言地說明了人性敗壞了的本性，也就是他的性惡說：

「人之性惡，其善者僞也。今人之性，生而有好利焉；順是，故爭奪生而辭讓亡焉。生而有疾惡焉；順是，故殘賊生而忠信亡焉。生而有耳目之欲，有好聲色焉；順是，故淫亂生而禮義文理亡焉。」⑱

性惡的理由有三：生而好利，生而疾惡，生而有耳目之欲而好聲色。而且，這三點性惡的根源，也就導致了社會風氣的敗壞，即是產生了爭奪、殘賊、淫亂；而傳統的美德，像辭讓、忠信、禮義文理都喪失了。

顯然的，荀子針對着孟子所提出的性善的效果，提出了事實作爲反證，而以事實作爲其性惡

---

⑱ 荀子性惡。

的論據。

荀子站在現實社會分析的觀點，毫無保留地指出當時社會的流弊；這是荀子與孟子立場上不同的地方。孟子站在人性的理想上，以良知良能作爲尺度，來看心性的動向；而荀子則站在社會的現實上，以客觀的事實，來批判人類的行爲。也卽是說：荀子肯定了戰國時代的亂世，孟子則瞻望着人性改善社會的遠景。至少在這種觀點上，我們可以拉近二位大儒的距離，而進而瞭解孟荀都主張教育來引導人類行善避惡。

孟子的「孟母三遷」以及「斷機教子」⑲亦都在選擇環境以及機會教育中，使性善的四端從內心呈現出來，發揮對行爲的作用。「聖人與我同類」⑳以及「人皆可以爲堯舜」㉑的教育，目的都在激發人心向善，擯棄各種惡行。

同樣，荀子雖然在現實上不能不承認惡行的事實，甚至論斷出人的性惡；但是，他對人類決不絕望，他仍然深信着人類向惡的天性，仍然能改造過來，於是提出了「化性起僞」的方案，主張「僞起於性而生禮義，禮義生而制法度」㉒。

站在對人性超升的希望，以及對改革社會的信心上看，孟子和荀子是採取相同的立場的。所

⑲ 國語辭典第一册，商務，民國七〇年八月，第四九〇頁。
⑳ 孟子告子上。
㉑ 孟子告子下。
㉒ 荀子性惡。

不同的是：教育的方法。

孟子是比較認同孔子的「道之以政，齊之以刑，民免而無恥；道之以德，齊之以禮，有恥且格」[83]。德治和王道的教化，源自中國古代，孔子集大成，而孟子承傳[84]。到了荀子，雖然在教育上還是主張「禮敎」，但是，其「法制」的思想，畢竟開始形成。這不但在其弟子韓非對法的理論開展，以及另一弟子李斯對法的實踐中可以由因果律推論出來；就是在性惡論的根本想法中，對惡的制裁也必然催生法治的結論。

當然，就法制思想的避惡事工上，仍然不是目的，其目的是在「僞起於性而生禮義」，而「禮義」的積極意義仍然是在「禮」的教育上生根。

也就因此，荀子性惡論所引起的，間或有偏向法制之嫌，但是，我們亦無法單在韓非的「法、術、勢」中，或是在李斯的「書同文、車同軌」中，完全去涵蓋性惡論的全燔意義，而是要在更遠的目標中，窺探出「化性起僞」的終極目的。

從孔子經孟子到荀子的人性論流變中，孔子提出了聖人的設計，孟子提供了「揚善」的方案，而荀子提出了「避惡」的方法。在德治和法治的課題上，由人性論的不同，開展了討論的機會，在法家的韓非、李斯尙未出現之前，德治爲主，法治爲輔，似乎是比較合理的結論。在人

[83] 論語爲政。
[84] 同[4]第二八頁。

性論上，則是人的可能性，它有自由意志，可以向善，亦可以作惡；而爲了要使人類擇善避惡，教育是必要的，環境的改良是必要的。鼓勵的啟發教育是必要的，制度的權威教育亦是必要的。

第二章 內在涵義

社會哲學的內在涵義，可以從上面「史的發展」中，所開展出來的「修」的問題，以及「人性」的根本課題，導引出「道德哲學」的體系；當然，道德哲學的課題並不是社會哲學的全燔，它祇是人類文化的一個層面；雖然這層可以是基層，但是，社會問題除了道德問題之外，畢竟還有許多其它的問題。在「史的發展」中，我們一方面探討了從論語經中庸到孟子對「修」的思路；另一方面也考察了從孔子經孟子到荀子對「人性」的意見；集結了人性和修二概念，也就成爲道德的問題。因此，我們在這第二章中，站在道德哲學的基礎上，去探討社會哲學的課題根本。

首先，我們要認同的，就是無論是個人，或者是羣體，都有超升的可能性：從「人皆可以爲堯舜」[85]開始，就保證着人人可以變成聖人。在另一方面，羣體生活從個人的獨善其身，到兼善天下[86]，則是保證着社會性的發展，而到達安和樂利的境地。

---

[85] 孟子告子下。

[86] 孟子盡心上。

其次，就是這種超升和進步，都不是白白得來的，它需要努力，需要透過個人的「修」，需要在每個人中培養出羣體意識。這樣，社會哲學的內在涵義，基本上就要探討兩個問題：一個是社會本身之意義，其存在的基礎，其構成的條件，以及其存在的最終目的。另一個是社會的羣體性的問題，社會組織的整體與其構成份子間，即是羣己關係的課題；這關係包含了權利與義務，以及支持這權利與義務的思想基礎。社會哲學所探討的，就是：社會的本質是什麼？個人與社會間的關係是什麼？

我們這就分成兩個面向，來展開這方面的討論：

壹、社會的本質

社會是由個人所組成的團體，因爲「人」有個別性，同時亦有羣體性；個別性保障着個人的尊嚴和價值，羣體性指陳着個人在羣體生活中的權利與義務。問題也就在於如何保障這個別的人的尊嚴和價值，如何使社會透過人際關係的權利與義務，變得更安定和諧。

這「如何」的問題，在先秦的哲學派系中，提出了許多不同的答案。道家的自然主義，極力反對人爲的禮法，而主張清靜無爲，回歸自然，以無爲來安定社會，使百姓度一個完全自然的生活。法家的法治人文主義，設計了法、術、勢的體系，認同了社會現實的醜惡，而設法做一些除惡務盡的工作，雖然不把未來的太平世遠景掛在嘴邊，但卻非常落實地，漸進地改善各種弊端。

儒家的禮治人文主義，相信社會的混亂來自名份不清，而提出「正名」的方案，主張各守其份，來使社會回歸到古代的次序；「正名」原是禮法典章制度下的德治和王道的方案，用以釐清人際關係的混亂局面；他們同時亦堅信人性本來的善良，能够透過良知良能的反省，而正確認淸自身的命運和使命，在人際關係中所扮演的角色。

在儒、道、法三家的努力下，社會問題得以公開地獲得討論，社會原理也逐漸地彰顯出來。

一、個人的尊嚴和價值：「人爲萬物之靈」[87]，「人皆可以爲堯舜」[88]，「與天地參」[89]等說法，都在指陳人的發展和進步的可能性，同時亦在說明人性的高貴和價值；他可以透過適當的方法，修練自己，超升到「君子」「聖人」的地步，亦即達到「天人合一」的境界。

但是，這種個人的「修」，本身不是目的，雖然有「明明德、親民、止於至善」[90]的說法，然而在儒家的哲學思想中，個別的人固然在修身的事工上，有其特殊的意義，但是他卻絕不是單獨地，更不是直接地隸屬於社會羣體。先秦儒家的社會哲學，個人與社會的關係不是直接的隸屬，而是間接的、漸進的，透過「家」的中間階段，才算屬於社會。因此，儒家的社會概念，其本身雖然是由許許多多的個人所組成，但是，這些個人卻先隸屬於家，先隸屬於氏族，然後以

[87] 同註[67]。
[88] 孟子告子下。
[89] 中庸第廿二章。
[90] 大學經一章。

「家」和「氏族」作爲成員，而參與到社會之中，「家齊而後國治」原是儒家不可破的信念。

也就因此，探討中國的社會哲學，其方式就與探討西方的社會哲學有相當大的差異。西方的「個人與社會」的課題，足够理解個人的獨立性和社會性，其中產生出來的權利與義務問題，也比較單純。西洋在社會結構或法令措施中，國家社會和個人間的權責問題弄清楚了，明文寫出來了，就足以用「法治」來衞護社會的秩序；但是，中國在個人與國家社會間，還存在着「家」或「氏族」；個人先屬於「家」，然後才屬於國；甚至連自己所採取的人生觀也是如此。

這種從個人透過家才隸屬於國的模式，其社會的定義、結構、羣我關係，都會與西方社會的主旨大異其趣。在儒家漸進原則的修身、齊家、治國、平天下的一級一級的進展中，個人逐漸消失在整體觀之中，成爲一體範疇的存在模式[91]。而個人自己本身，則不是彰顯的；它不會在與羣體的會合中，追求一己的權利，它亦很難認同自己個體對國家的責任。

二、**羣體生活中的權利與義務**：因爲在「國」與「民」的中間，有了「家」的居間，因此，「國家」的概念，通常是與「民族」聯合起來運用；也因此會時常出現「忠」和「孝」相互牴觸時，應如何抉擇的難題；甚至，在漸進原則的修、齊、治、平的順序進展中，總認爲先要「孝」，然後才「忠」；而且亦以爲孝子必定會是忠臣：「其爲人也孝弟，而好犯上者鮮矣」[92]。

---

[91] 參閱 Groot, Universismus (Berlin, 1918)，更淸楚的有 Hermann Köster. Was it eigentlich Universismus? in Sinologica, Separatus vol. IX, N°2 (Basel, 1967)。

[92] 論語學而。

因而，先秦儒家的社會理論，使人一方面認同「家」模式的社會，它不但要求「父母在，不遠遊」[93]，同時亦要求「不孝有三，無後爲大」[94]。當然，這種「家」中心的作法並不是社會的終極理想，社會性的體認，是要透過齊家而治國，再透過國治而到達天下平的遠景。這種修、齊、治、平的進展，原就是儒家社會哲學的實踐原則。個人在這實踐原則的面前，自覺到本身的渺小，但亦可以意識到自身的偉大和神聖責任；而這責任就是認淸人類的命運，而設法用自身的聰明才智，把命運轉化成使命：這使命也就是從據亂世到昇平世，再從昇平世到太平世的另一系列的漸進原則。相對於修、齊、治、平的實踐來說，據亂、昇平、太平則是指導原則。

因此，在先秦儒家社會哲學的探討中，若在歷史哲學中找前瞻，或是在社會哲學中找濃縮，都是「太平世」的描繪；而這描繪分由指導原則與實踐原則的兩條通路去完成。這兩條道路都是漸進的、按部就班的，不承認有跳躍的現象。[95]

這種漸進原則首由修身開始，但修身必需認同「家」的羣體性、血緣性、家族性；這需要意識，當然就不是自然主義的，不是無爲所可達到的；而是人文主義的設計，而且，在這設計的藍圖中，擁有「個人」與「社會」關係的最高理想，那就是「內聖外王」之道。而且這種內聖外王

[93] 論語里仁。
[94] 孟子離婁上。
[95] 在這裏可以看出中西文化不同的一點，像西洋當代的存在主義，承傳了超越宗教的傳統，主張可以跳躍，不必按部就班，像祁克果（Soren Kierkegaard, 1813-1855）對恩寵的感受就是如此。

的理想又必須回過頭來，衡量「修身」的成績；以爲一個修身的人，絕不是一個「獨善其身」者，而是要在獨善其身之後，進而兼善天下。即是做到「夫仁者，己欲立而立人，己欲達而達人」[96]，做到「人不獨親其親，不獨子其子」[97]的羣我關係。

如此，先秦儒家社會哲學的內在涵義，也就在於個人自覺到自己存在的位置，知道自己生存在天和地之間，生活在人與人之間，自身所扮演的角色。這種自我的歸屬感和認同感，也就是先認同自我，肯定自我之後，走出自己而走向羣體，跳出自身的圈子，走進家的庭院中；然後又要突破家庭的範圍，向着國家民族開放；甚至，突破國家界、民族界，而走向天下爲公、世界大同的理想。[98]

貳、羣己關係

上面的討論已經可以清楚地指出，人不是孤獨的存在，他是社會動物，他天生來就有羣體性，他生下來就屬於一個家，屬於一個羣體。

羣體性的原則，以及個人的歸屬感，在這裏都不再會發生什麼難題；問題的產生是在於指導

---

[96] 論語雍也。

[97] 禮記禮運。

[98] 就是西洋當代歷史家湯恩比（Arnold J. Toynbee, 1889-1975）也有這種看法。參閱鄔昆如著史賓格勒與湯恩比之比較研究，哲學與文化月刊，第七卷第六、七期，民國六十九年六、七月，第二〇頁。

原則與實踐原則之外，如何去溝通羣己關係，如何在原則的定立之外，找出具體可行的方案。

正如上面說過的，西洋模式的羣己關係，國家與個人，個人與國家的關係，在先秦的社會理論中，不太適用。其理由就是儒家在個人與國家之間，安置了家庭的媒介；以爲在修身與治國之間，必需透過齊家這一中站。個人對家的歸屬感，遠勝於對國；因此，社會哲學中的一些名詞，像個人主義、自由主義、集體主義等等，在儒家社會哲學中，就不太適用。先秦儒家濃厚的「修身」意識，以及更濃厚的「家族」意識，其本身就對極端的個人主義，以及集體主義有免疫的作用。

儒家從修身開始，向着「學不厭」以及「教不倦」的聖人開放，原就是羣己關係的哲學基礎。

也就因此，受了西洋思想影響之後的一些社會學名詞，像個人的權利與義務的對立性，像國家爲了人民或是人民爲了國家等等爭端的課題！或者，個人如何在羣體中找回自己等等，都不會成爲先秦儒家社會哲學的核心課題。

當然，本文發展到「當代意義」部份時，自然就會涉及到農業社會與工商業社會的異同問題，涉及到農業社會中的五倫，是否足以應付當代社會複雜的人際關係？抑或需要提倡第六倫[99]？不

[99] 李國鼎先生提出了「第六倫」的意見，設法以之改善工商業社會中的「羣我關係」，曾經引起了不少共鳴與探討；中國哲學會曾在民國七十年五月四日在耕莘文教院擧辦演講會，以「五倫？還是六倫？」爲題，由鄔昆如教授主講；鵝湖雜誌亦在六卷九期，民國七〇年三月，用社論「親情道義說五倫」來探討這課題。

過，我們在「內在涵義」中，只要能把羣己關係的本質交待清楚，也就算是盡了責任了。

有關羣己關係，我們分成兩個面向來討論，一個是孔子的「正名」，另一個是孟子的「人倫」。

一、**正名**：孔子的正名，是各歸其位的意義，所謂父父子子，君君臣臣；從「必也正名乎！」⑩的問題開始，到「名不正，則言不順；言不順，則事不成；事不成，則禮樂不興；禮樂不興，則刑罰不中；刑罰不中，則民無所措手足。」⑩的消極表示，一直到孟子的「父子有親，君臣有義，夫婦有別，長幼有序，朋友有信」⑩的人際關係濃縮，都是在指出，「正名」是社會秩序改善的良方。

因爲春秋時代名份地位不正，「臣弑其君者有之，子弑其父者有之」⑩，這是父不父，子不子，君不君，臣不臣，因此才需要「正名」的春秋（孔子懼，作春秋），來指點迷津，來提出化解之道。當然，孔子作春秋，不是在求名，而是要指出名實相符的原理，同時指出「名不正」的

---

⑩ 論語子路。
⑩ 同上。
⑩ 孟子滕文公上。
⑩ 孟子滕文公下。

事實；也就因此才會締造出「孔子成春秋，亂臣賊子懼」⑩的制裁效果。

因而，先秦社會的理想是各人守好自己的地位；這固然是當時實際社會的相反情形的明證，但同時也展示出儒家把社會秩序，看成是道德性的，是應該的，不是實然的。也就因此，禮記禮運篇的描寫，絕不是先秦社會的景象，而是恰好相反，當時社會中所呈現的，是混亂的，名不正的，諸侯互相爭奪的局面；其理想的應然，也正表示哲學是文化的醫生，要以治本的方法，來促進理想的社會。

如果說禮記禮運是孔子理想社會的寫照，則大學所提供的修、齊、治、平的漸進原則，則是通往理想社會的道途和方法；而正名也是在個人的「修」之中，與別人交往的指南，無論是在家庭之中，或是國家之中，或是世界之中，都把個人的本份看成首要的責任，好參與齊家、治國、平天下的工作。

個人的「修身」的尺度，也就以「正名」作爲標準；「正名」表示個人定位在時空的座標之中，參與着人際關係的社會事業。因而，儒家的社會哲學，不會單單停留在獨善其身的階段，而必需以兼善天下爲己任。

二、人倫：從孔子的「正名」，我們導引了人的羣體性，而且是理想的人際關係。爲什麼在這裏要談理想？爲什麼不用社會的問卷調查方式，來分析當時社會大衆的心態和意願？這原就是

⑩ 同上。

人文科學和社會科學或是自然科學最大差異的地方105。孟子在這裏，延續着孔子的理路，提出人際關係的理想型態，而且並不站在指導原則的高處來探討，卻是以人性的「性善」本位，落實到最根本的幾項具體的羣己關係；那就是每一個人日常生活中，所每天遇見的交往，卽是：

「父子有親，君臣有義，夫婦有別，長幼有序，朋友有信。」106

孟子以爲，人之所以異於禽獸，就是因爲有「人倫」，知道各種人際關係。親、義、別、序、信，表示着不同的關係；上面我們曾經試着分析了這五種關係的內涵：君臣是長上和屬下的關係，是任何一種組織或羣體所共同存在的，是人爲社會的必然狀況；朋友是在生活中除了血親和姻親之外的同事、平輩，以及所有可能場合中產生關係的總稱，可以是熟悉的，交往深厚的，也可以是泛泛之交，或是陌生人。其餘三種關係：父子、夫婦、長幼，都是「家」的範疇，有血親或姻親的連結。孟子的「人倫」的確涵蓋了一個人在社會生活中，各個面向可能有的關係，而

105 在這裏，我們很清楚地分清自然科學所影響下的社會科學和人文科學所用的不同方法：就如：自然科學方法是從假設經學說到定理，所以必需靠實驗的成果，如果一件定理被實驗推翻了，就得相信實驗，而否定定理，如英國科學家早期，都以爲「凡是哺乳動物都是胎生的」，而且以之作成了定理。但是，英國殖民到了澳洲之後，發現了鴨嘴獸，後者是哺乳動物，但非胎生，而是卵生；因了這一發現，就必須宣布「凡是哺乳動物都是胎生的」定理從此無效。相反，人文科學則不同，就如它的道德原則，「母愛子」，不但由於實驗，而且亦有良知作基礎；縱使在現實社會調查中，發現一些例外，仍然無損於「母愛子」的道德原理。

106 孟子滕文公上。

且亦以不同的德目，指示了交往的規範。

當然，孟子和孔子一樣，所提出來的是理想的人際關係，而不是戰國時候的實際情況。本來，在春秋時代已經是「臣弒其君者有之，子弒其父者有之」[107]，而戰國的兵荒馬亂，更擾亂了人與人之間交往的道義；孟子與梁惠王的對話，就十足表現出當時社會的價值體系，是在搖擺不定之中[108]。孟子帶着撥亂反正的自許，設法從根救起，不但把人的「性善」提出來，作爲人性超升的可能性，更把「人倫」提出來，當作是具體可行的方案。

在孔子的指導原則（太平世），以及實踐原則（修、齊、治、平）的前提下，孟子設計了以「人」爲中心的社會藍圖：以「性善」的四端作爲人際關係善行的動力和出發點，發揮出不同的方向的社會交往，以愛心和善心來修己成人，而寄望一步步地邁向天下爲公、世界大同的完美的理想社會。

第三章 當代意義

在上面史的發展中，我們開展了從論語經中庸到孟子的「修」概念，作爲先秦儒家社會哲學

[107] 孟子滕文公下。
[108] 孟子強調人際關係的「義」，梁惠王卻一直站在「利」的立場，來和孟子爭辯，見梁惠王上。

中，基本的社會架構的基層建議；我們亦探討了從孔子經孟子到荀子的「人性論」，作爲社會制度的主體和客體，以及各種社會措施的動機和出發點。同樣，在隨後的內在涵義中，我們一般性地指出了先秦儒家理想社會的模式，在王道和德治的不變信念下，規範了社會的本質，以及這本質中的羣己關係。在這些已有的成果上，我們進一步來檢討先秦儒家社會哲學的得失，即是它在當代社會中所扮演的角色。

顯然的，當代意義的探討，仍然可以分成「理想的」和「現實的」兩個面向，來討論社會的課題：就如社會中的各種規範，是屬於理想型的，它希望依着人類良知良能的指引，以及歷史傳統的文化遺產，來塑造美滿的社會人生。但是，社會問題的收集和分析，以及分析後所獲得的結論，無論是憂是喜，或是憂喜參半，都是非常現實的；社會學家提供着各種社會問題的統計，而面對這些統計的數字，社會哲學家或是站在社會規範的原則上，設法提出對各種危機的化解之道；或是在分析社會現狀的特殊情況之後，對原有的規範作適度的調整，以中和理論和實際間的衝突，或是漸緩社會畸形發展的各種危機。

儒家在先秦時代的社會觀，在理想的設計上，堅定了「聖人之治」的基本原則。「聖人之治」在這裏顯然的有雙重的意義：一是身負領導地位的，必須遵循修身、齊家、治國、平天下的漸進原則，先以德行充實自己，使自己成爲聖人，然後才有資格來領導社會。這是「賢」的條件。二是聖人言治，全在以德化人的方法，使百姓由於效法在上位的美德，而做出爲社會有益的事工[109]。這是「能」的範疇。

如何成爲聖人？聖人如何治國？原是先秦社會政治的二大課題。這課題在今天的社會中，仍然是治道的核心。但是，當代社會的課題，顯然的又已不單是理論的，而更是實踐的方法論的課題。我們試就分三個面向來深入討論：

壹、理想與現實結合

先秦儒家社會哲學無論是指導原則的「天下爲公、世界大同」，或者是實踐原則的「修身、齊家、治國、平天下」，都不是當時社會的現實寫照，而都是儒者對當時社會沒落情況，提出來的解救之道。於是「德治」「王道」的政治設計，以及各種「修」的課題，都成爲單元的價值取向。單元的道德規範，或是單元的最終基礎，甚至單元的實踐原則，原都是無可厚非的。但是，站在社會變遷，羣衆教育水準不斷提高，對衆人之事的參與感不斷升高的現代社會中，價值取向的理論和實際，似乎需要相互交談；單元的原則以及多元的方法，也應該有某方面的協調。亦就是說，社會哲學的原則與社會科學的現象調查，應該在適當的時間中相會，而這適當的時間亦就是在實踐原理原則的具體措施時，必須同時注意到理論和實際，同時注意到理想和現實[110]。

[109] 參閱註[11]，第一七四頁。

[110] 有關多元社會與多元價值的問題，中國論壇半月刊曾經舉辦過座談會，從各個不同的面向深入探討了問題，見該刊第十卷第六期，民國六九年六月廿五日。

目前，針對理想的指導原則來看，固然不能放棄對未來理想社會的寄望，但是，向善的心靈的培養，以及在矛盾、荒謬、苦悶的具體生活中，如何認同人生的意義和價值，而有正確的價值取向，則有賴於「教」和「學」的兩條管道，促成心靈的道德心和宗教心。道德和宗教原是人類心靈行善避惡的基層建築；在競爭的工商業社會中，如何培養服務的人生觀，以及守法的精神，原是心靈方面的層次，而不是理知方面的對象。「德治」的理想，也唯有透過「賢」和「能」的人民，參與社會事業，以服務的愛心來導引社會走向安和樂利。

但是，在另一方面，在「除惡務盡」的原則上，如何保護好人，懲治惡人，消除敗類，單靠緩慢的德化，就無法有立竿見影的效果；在變化緩慢的農村社會中，漸漸的以德化人的方式，還勉強可以奏效；但是，在變化快速的工商業城市中，若不用一套神速效用的法治體制，社會治安在實效上就不易展現出來。這是實踐原則落實時，所必須兼顧到的治標的緊急措施。

雖然，在長遠的社會秩序上，「德」仍然是根本，是唯一有永恒價值的不變基礎，但是，在實踐上必須有「法」來輔導。當然，在這裏，「法」的理解仍然是「天理」和「人禮」的呈現和落實；「法」是內存於人心之中，是人性認同的東西，而不應該是外加於人身上，而不是從心性上認同，或是沒有共識的條文。

在現代社會中，在教和學的管道下，對「德治」應有認同和共識；同樣，對「法治」亦應有歸屬感和參與感；否則，抱持着崇高而無法落實的理想和原則，倒不如把握住實際而有效的漸進方法，穩健地一步步改去現實的罪惡，希望一天天地接近那終極理想的「太平世」。

貳、正視社會問題

社會問題是現實的，社會中發生的事件，不一定與社會理想，尤其是不一定會與指導原則相符。這樣，在實際可行的問題面前，正視社會中已經發生了，或是正在發生的問題，來調整實踐原則的方法，就成爲急不容緩的事。

工商業社會中的人際關係轉變比較大，陌生人闖入自己的生活中的事發生頻繁；心理上的疏離感、恐懼症，都會由於城市生活中的舉目無親，或是犯罪事件而引起和加深。從這些感受導引出來的，無論是強者的把命運改變成使命的奮鬪，或是弱者的從此向現實低頭，都會成爲多元社會與多元價值的心態。在這種實際的情況下，如何連繫傳統與現代，如何在現實中仍然保持對理想的追求，乃是當代社會哲學最重要的課題之一。

人際關係的不符合理想，無論是與傳統的道德規範不符合，或是與當代人追求安定、要求發展和進步的理想不符合，都會導致人性的自我疏離，乃至於自我迷失。也就在這種事實上，有志之士總會設法指點迷津，提出化解之道。近來倡導的「第六倫」，也就由於這種背景所催生的⑩。其實，當代人在當代社會中，並不是說實踐了傳統的五倫，而缺少「羣己關係」的第六倫，

⑩ 同註99。

而是就在「五倫」當中，缺乏了整體的「人倫」：像父子之間的代溝，夫婦之間的外遇、離異，長幼之間的爭執，朋友之間的失信，對國家民族的喪失歸屬感，等等都指陳着「人倫」整體的變化和沒落。

社會問題的正視，更重要的，是解決問題，而當代自我疏離的現象，必需培養出自我認同的意識，這點也就是傳統「修身」的提案，但其作法則有了突破性的進步；因爲它能在當代心理層次的認識，而更能在下意識或潛意識中，認淸人們的疾病所在，而對症下藥。目前，人類的疏離感、恐懼症，俱由孤獨感而產生，它需要同類的關懷和垂愛，需要感受到自己在愛，同時被愛；感受到自己在關懷，亦在被關懷。這種人際關係的當代意義，也的確是傳統「己欲立而立人，己欲達而達人」[112]的延伸。

人際關係間的互助互愛的豐饒心靈，也必須來自「教」和「學」的兩條管道。社會教育的制度化，在工業社會的一貫作業之中，是不可或缺的手段。除非儒家的學理能够參與社會的工作，而在各處貧窮災難地區，落實在社會福利事業當中；除非儒家的社會理論，能在日常生活作息日程表中，被安排進去；否則這理論就很快被別的有制度、肯落實的學說所取代[113]。

[112] 論語雍也。

[113] 道德原義不在理論，而在實踐，而實踐的方案是要在時空的條件下，適應和落實到社會中。當代工商業的社會的特性，是制度，不在制度中存在的，很容易就消逝。

儒家社會哲學另一個當代的問題，就是在理論本身，以「人」爲道德主體時，固然必須強調「人皆可以爲堯舜」⑭的向善可能性，強調「人」的尊嚴和價值，用「以德化人」的方法，用愛心來處理人際關係，以及國際關係的事務；但是，人本身的缺陷，它向惡的可能性，亦應當被提及與注意；因而，惡事的提防，亦卽是法的定立，用刑法來阻嚇罪惡的產生，亦是當務之急。也許，西方基督宗敎的「人觀」，旣承認人是「上帝肖像」⑮，亦承認人有「原罪」⑯；因此，同時把握住人的尊嚴和人的卑微，也許能够補足理論上的偏執。

參、肯定道德原則

上面約略提及到傳統社會哲學的當代意義，一方面要賦予一種新的理解，它方面要對其它文化開放，而在實踐的課題上，證明出其理論的有效性。當代社會問題以及其危機，也許就是更深一層的探討；如果過份重視「從君子到聖人」的自我轉化，而忽視了「從小人變成君子」的措施，則社會中，道德理想是一回事，社會罪惡卻仍然存在，而變成了另一回事的現實；亦卽是說，儒家社會哲學的王道和德治理論，如果不設法也在「從小人變成君子」的方面去努力，而一味高唱

⑭ 孟子告子下。

⑮ 西洋文化在接受基督宗敎信仰之後，舊約創世紀所記載的人性論，就被認爲是補充柏拉圖的學說，而使人的靈魂是「上帝肖像」，是超時空但被困在世間的觀念。

⑯ 希伯來宗敎的特性，由於民族常流離失所，故用人性的墮落之因的「原罪」，來解釋今生今世的苦難。

人性本身的高貴，以證明「人本」精神，而忽視了人性向惡的可能性，以及人間世到處可見的罪惡，則崇高的理想就失掉了底層的支持，而在現實生活中懸空。

因此，肯定道德原則的修身，肯定人性本身的向惡可能性，而接受「修身爲本」的最基本原則；而且，在「修身」的想法和做法中，突破個人主觀的成見，而參與社會大眾的需要和意見，原是當代社會所必須注意的事。亦即是說，「修身」原則的定立和實踐，必需由其社會性來衡量，一個人是否修成，端看他在人際關係中，是否獲得了且認同了羣體意識；其「仁者」的觀念，是否落實在日常生活中的「愛人」。這也就是以橫的、在社會中具體的愛人行爲，來證明其縱的「天人合一」境界[117]。

也就在這裏，道德形上學的建立，就是急不容緩的事，「愛人」的最終基礎是什麼？是因爲別人可愛？抑或是自身高貴？「人本」主義的最大難題，並不在形上學的本體論上，或是宇宙論上，無法指證「人」的存在優位，而是在於無法提出「犧牲自己，成全他人」的最終動機。先秦儒家的社會哲學，在當代如果無法給予「愛」的動機，在理論上就有了缺陷。當代的人，必定會問及爲什麼我要吃虧，爲什麼要去愛我的陌生人的問題。

也許，在研究先秦儒家哲學的形而上基礎時，可以跳躍過宋明，而重新賦予「超越天」的形

---

[117] 知行合一，才是道德人；「仁者愛人」（顏淵）才是把自身的道德「形於外」的行爲；而有了「形於外」，才證實「誠於中」的事實，還是在「內聖外王」的範疇中。

上意義，以與當代基督宗教共融，在理論的深處，承認「上帝」的超越以及內存的雙重性格；在實踐落實部份，則推行着默默無聞的社會福利事業；從「上帝就是愛」的形而上處，尋獲愛人、愛所有的人的最終動機。

本來，先秦儒家的心胸原就非常偉大，其發展到兩漢、隋唐，虛心地接受了佛學的外來思想，從不以本位主義的偏執，拒絕接受這種能支持「修身」的輪廻報應的宗教哲學。當代新儒家在當代思潮中，亦必須擯棄宋明以來的偏執，向着外來文化開放，藉以壯大自己。

結論

我們對先秦儒家社會哲學的研究，尤其是肯定並認同它從內聖的修身，作爲始點，而作着外王的齊家、治國、平天下的工夫，止息在天下爲公、世界大同的終極理想中。這種原則性的提案，也的確是放之四海皆準。我們所提出的批判，集中在其當代意義中，如何把理想變成現實，如何把原則落實到方法；指出「人性」同時擁有向善和向惡的傾向，而在當代社會中，應兼顧到行善和避惡的兩條管道，那也就是德治和法治的共同進行的提案。

以宗教的形上學來建立道德的形上學，是本文進一步的建議，那是爲了給予道德行爲一種根本的動機：佛教在隋唐曾經以輪廻報應的學說，支持了中國「皆以修身爲本」的道德哲學；今天，基督宗教的「博愛」亦可以催生儒者去關心「從小人變成君子」的努力方案。

學術的開放心胸，原是進步不可少的因素，時代在進步，道德原則可以不變，但是，其實踐的方案，可就要隨着環境而調整。

再來就是良知問題，並不能以主觀的良知，去界定屬於客觀的社會標準；良知需有社會性，需能使羣體大衆的心靈能認同，能獲得共識，這也就是從個別的人的自證慧，用世界人類的共命慧作爲尺度，來鑑定其共相性和適應性。

最後一點是非常具體的建議：歌頌並不等於愛護，自我陶醉並不等於發揚，運動並不等於學術；在另一方面，批評亦不等於侮蔑，討論絕不同於輕視。對先秦儒家社會哲學的研究，重要的是體認它的精神，並不是保全它的方法，更不是固守它的德目。因此，傳統文化的蛻變成現代，以現代人的需要來發揚傳統，原是研究古典最重要的精神，失去了這精神，而換上了過度的民族自尊，以及衞道姿態，對傳統是沒有好處的，對當代的發展和進步，也沒有什麼好處。

孔子學不厭、教不倦的精神，禮和樂的社會教育，對太平世的寄望，對修身的努力；儒家的開放心胸，當代儒家公德心的修練和提倡，對先秦儒家研究的客觀化，在中國當代，都是急不容緩的事。

孔孟提升人性的概念——君子與聖人

——並從中確立儒家形上學之基礎——

0

本文分三大部份：首先探討儒家提升人性，從孔子到孟子的思想發展；是歷史發展的討論。其次深入提升概念「君子」和「聖人」的內在涵義；是概念意義的探討。最後跳出思想史的發展，以及概念意義的討論，而研究儒家提升人性設計的當代意義；而且在這最後一部份中，提出對孔孟哲學的檢討意見。

I

從孔子到孟子思想的發展進程，尤其是在提升人性的概念上，我們可以在論語和孟子書中，讀到許許多多的名詞，像君子、聖人、仁、智、大人、賢者等等。這些概念所意謂着的，都是人性在超度自身之後，所達到的境界。從人性的原始，到人格的修成，其間經過不同層次的努力，經由不同心態的寄望；這些努力和寄望，架構成了孔孟學說的支柱；並從中支持了孔孟學說的全部內涵。

我們試把論語作爲孔子思想的代表，而孟子七篇作爲孟子思想的代表；加上中庸，作爲從孔子到孟子思想發展過程中的中站，而架構成第一部份的歷史發展❶。

（甲）在論語的季氏、雍也、陽貨三篇的綜合研究中，我們顯然可以獲得孔子提升人性的基本設定：卽是：在人類生存的「命」中，聰明才智有差等：

季氏：「孔子曰：生而知之者，上也；學而知之者，次也；困而學之，又其次也；困而不學，民斯爲下矣。」

陽貨：「子曰：唯上知與下愚，不移。」

雍也：「中人以上，可以語上也；中人以下，不可以語上也。」

也就在天生的有差等的人性中，孔子設法使人性提升，升到平等的地步。在「上智」「中人」「下愚」三等人之中，因爲「上知與下愚不移」，因而，提升的對象局限於「中人」一級。

---

❶ 中庸一書，作爲從論語到孟子的思想發展中站，參考譚宇權著「孔孟人性論的流變」（下），哲學與文化月刊，第六卷，第七期，民六十八年十月一日，第三七頁。

在述而篇中，孔子自稱：

「我非生而知之者，好古，敏以求之者也。」

亦就是說，孔子自稱不是上智，而是中人；中人卽是「學而知之」或者「困而知之」的層次。

在「中人」層次中，孔子自己努力學習，以求知，而且，亦設法把所學教導別人，因而有「有教無類」（衞靈公）的心願和實踐。

因此，在提升人性的最底層基礎上，孔子提出了二種相輔相成的方法，卽是「學」和「教」。「學」是指出自己求知的方面，而「教」則是把自己的知識傳授給別人。顯然的，這「學」和「教」的基本設定，是人性「求知」的欲望，以及「獲得眞知」的信心；進一步，也就是肯定人性超升的可能性。甚至，再進一步，這「超升」的意義也就在於：

把「命運」改變成「使命」。「命運」是指的：人類天生來聰明才智有差等，而「使命」則是智者肯出來，獻身教育，有教無類，把自身學得的東西，傳授給別人，使命運中註定的「不平等」，由於人爲的「平等」努力，而變成平等的。

這也就是「自然世界」的「人文化」，卽是：以人的力量，來提升自然界的命運（這也是書經泰誓上「人爲萬物之靈」意義的落實）。

在這裏，出現了「君子」和「聖人」兩個概念，而其相互間的關係，是這樣的：

君子利用獨善其身的「學」，以及兼善天下的「教」，以「學」和「教」的綜合，而成爲

「聖人」。

述而篇有一段話，說明了這項原理：「子曰：若聖與仁，則吾豈敢？抑爲之不厭，誨人不倦，則可謂云爾已矣！」

論語述而篇本身，對孔子的說明，沒有進一步的發揮，孟子公孫丑上篇，曾經有更深的理解：

「昔者子貢問於孔子曰：夫子聖矣乎？孔子曰：聖，則吾不能。我學不厭，而教不倦也。子貢曰：學不厭，智也；教不倦，仁也。仁且智，夫子既聖矣！」

這裏的「智」，是學不厭的結果，是「人」與自己的關係的成果，是「修己」工夫。這也就解釋了學而篇的「學而時習之，不亦悅乎？」以及子張篇的「百工居肆以成其事，君子學，以致其道。」的道理。

這裏的「仁」，是教不倦的成果，是「人」與人之間的人際關係，是「有教無類」的「成人」的工夫。這也就解釋了顏淵篇的「仁者愛人」的理由。

在孟子給予述而篇的解釋中，稱孔子爲聖人；而且，這「聖人」是由「學」所獲得的「智」，以及由「教」所獲得的「仁」所共同培養出來的。也就是說，一個人可以經由獨善其身的「學」，以及兼善天下的「教」，由君子進入聖人的領域，而成爲「聖人」。

當然，孟子書中所指的「聖人」，包括了堯、舜、孔子；但是，在論語的思想中，「聖人」

祇是指堯、舜而言，並不包括孔子；而關於孔子的命運，可在子罕篇中，找到註腳：

「大宰問於子貢，曰：夫子聖者與？何其多能也？子貢曰：固天縱之將聖，又何多能也？」

此處，「天」概念的出現，形成了論語提升人性概念「聖」的來源考察，而結論出「天縱之聖」；也就是說：人性超度自身時，要到達「聖」的境界，還是需要「天縱」。

綜合以上的探討，我們發現，孔子提升人性的方式，是從人的三重關係中展開：

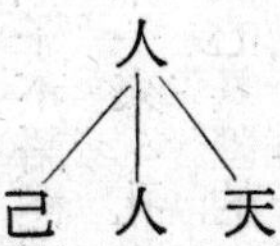

⑴在「人」與「己」的關係中，是要透過「學不厭」的精神，變成「智」者；而「學」的起點，則同時是修己的「愼獨」。

在「人」與「人」的關係中，是要透過「教不倦」的精神，變成「仁」者；而「教」的起點，則是教育家的「有敎無類」的心胸。

在「人」與「天」的關係中，則是「天縱之聖」的理解；而這種理解也就是「盡人事，聽天命」的人生觀所賦予的；即是說，一個人在「修己」的「獨善其身」，以及「成人」的「兼善天下」之後，等待着「天縱之聖」。

當然，孔子在這三重關係中，對「天」的關係，發揮得最少；這就因爲孔子對「知」的理解，不是「知識性」的，而是「道德性」的，他提出了「知之爲知之，不知爲不知，是知也」（爲政）的原則。由這原則導引出來的，就有許許多多的成果，都是對「與天的關係」不甚明瞭，不太提及的引述。就如：

「夫子之言性與天道，不可得而聞也。」（公冶長）

「未知生，焉知死！」（先進）

「未知事人，焉知事鬼！」（先進）

「子不語怪力亂神。」（述而）

這末一來，孔子對形而上的事物，以及對來生來世的情況，都不願討論，他祇關心此生此世，祇關心具體的生活了嗎？其實不然，在事實上，他提供了不少「彼岸」與「來世」的訊息。就如：

「五十而知天命。」（爲政）

「獲罪於天，無所禱也。」（八佾）

「丘之禱，久矣！」（述而）

「天將以夫子爲木鐸。」（八佾）

「天縱之將聖。」（子罕）

當然，儘管上述的引證，足以指出：孔子敬天是沒有問題的；但是，畢竟不是他思想探討的核心課題；也因此，與天有關係的「聖」概念，也不太明顯。

同樣，在運用「君子」概念時，與「天」的關係，提及的也不多，就如：

「君子有三畏：畏天命，畏大人，畏聖人之言。」（季氏）

「不知命，無以爲君子。」（堯曰）

⑵人際關係，尤其是「今生今世」的人際關係，才是孔子關懷的核心。孟子滕文公下說：「世衰道微，邪說暴行有作：臣弒其君者有之，子弒其父者有之；孔子懼，作春秋。」而且亦就在這種人際關係敗壞的情形下，孔子提出了「正名」作爲補救的辦法：君臣、父子、夫婦、兄弟、朋友，各有各的名位，是「長幼有序」的一個社會設計❷。

而「正名」的體系卻由「禮讓」的方式來完成❸。

因此，「君子」在消極上，要做到「己所不欲，勿施於人」（顏淵），要做到「克己復禮爲仁」，要「非禮勿視，非禮勿聽，非禮勿言，非禮勿動」（顏淵）。而在積極上，要堅定「四海

---

❷「正名」的思想，發展成中國「人際關係」非常細緻的結果，如兄弟、叔伯、舅父等分別，在西洋文化中，沒有此類的劃分。

❸「禮讓」文化的落實，表現在日常生活中的說話應對，就如問人「尊姓大名」，問人「府上」，而回答則謙稱「賤姓」「小名」，或是「小地方」，而根本不必要注意「客觀」的實在，在對話中，林姓亦可自稱「小姓」、「上海」亦應稱爲「小地方」。

之內，皆兄弟也」（顏淵），要做到「樊遲問仁，子曰：愛人」（顏淵），要做到「夫仁者，己欲立而立人，己欲達而達人」（雍也）的具體表現。

(3)由人際關係的「愛人」，才導引出「敎」的必然性。而「敎」和「學」的最終基礎，則是人性本身的可變性，可以超升，亦可以墮落：

「性相近也，習相遠也。」（陽貨）

「敎」的內容是：仁、義、道、德。

「敎」的科目有：禮、樂、射、御、書、數。

「敎」的內容「仁」爲首，而「仁」的開端則是人際關係最密切的「孝」和「弟」：「君子務本，本立而道生；孝弟也者，其爲仁之本歟？」（學而）；「弟子入則孝，出則弟」（學而）。

「敎」的科目，亦即敎和學的方法基礎，則首推「禮」和「樂」。「興於詩，立於禮，成於樂」（泰伯）的原則，發揮到具體生活中，也就是：

(a)禮等於盡孝的方法：「孟懿子問孝……子曰：生事之以禮，死葬之以禮，祭之以禮。」（爲政）

(b)禮超越法：「道之以政，齊之以刑，民免而無恥；道之以德，齊之以禮，有恥且格。」（爲政）

(c)禮就是到達仁的途徑：「克己復禮爲仁，一日克己復禮，天下歸仁焉。」（先進）

(d)禮和樂亦是君子之道：「不知命，無以爲君子也；不知禮，無以立也。」（堯曰）「君子三年不爲禮，禮必壞；君子三年不爲樂，樂必崩。」（陽貨）

總結論語提升人性的設計是：

(a)縱的發展：從君子到仁，再從仁到聖。而君子的心靈陶冶是禮樂，君子的實踐是在孝弟。

(b)橫的發展：從正名的君臣、父子、夫婦、兄弟、朋友的人際關係，加上孝弟爲仁之本的原理，也就從修身到齊家，到治國，到平天下；這也是「大學」一開始的原則，而其根本的始點則是「以修身爲本」。

由此，君子無論是以獨善其身的「學」開始，或是以愼獨的「修身」開始，縱橫二方面，都向着高處的「聖」的境界，以及向着廣度的「太平世」的目標發展。論語中「聖人」也就成爲人性提升的最高目標，大學中的「天下平」也就成爲政治社會的最後歸宿。以下圖示之：

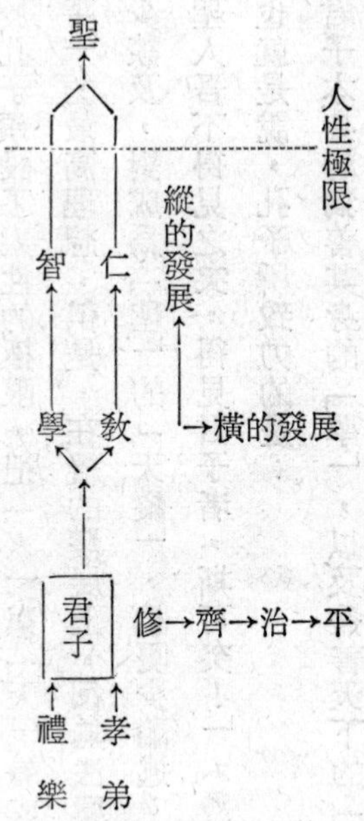

由於孔子預設了人性的極限，把「人」與「天」看成二元，因而，在橫的發展上，可以達到「天下平」的最高理想，但是，在縱的發展上，卻無法與「天」取得緊密的銜接；對「聖」的境界，很少談及，對成爲「聖」的「天縱」，也更少論述。因而，孔子說出那句：

「聖人吾不得見之矣，得見君子者，斯可矣！」（述而）

這也就是說，孔子所致力的是：

(a)君子本身的獨善其身的「學」，以及兼善天下的「教」，而成爲「學不厭，教不倦」的精神。

(b)君子本身的「畏天命，畏大人，畏聖人之言」。

亦就是說，在孔子所關心的事件中，對天，對聖人，祇採取敬畏的態度，以及採取「知之爲知之，不知爲不知，是知也」（爲政）的道理；換句話說，也就是把「天」作爲崇拜的對象，而不是把「天」作爲認知的對象。

(乙) 中庸作爲孔子過渡到孟子的思想中站。

中庸思想，在人性的理解上毫不諱言地直說了「天命」：

「天命之謂性，率性之謂道，修道之謂教。」（第一章）

在人性提升的方法上，也直接說出了「誠」的概念，而且把它看成天人之際間的媒介：

「誠者，天之道也；誠之者，人之道也。」（第二十章）

而且，透過「誠」，人性可以超度自己，與上天合爲一體：

「唯天下至誠，爲能盡其性；能盡其性，則能盡人之性；能盡人之性，則能盡物之性；能盡物之性，則可以贊天地之化育；可以贊天地之化育，則可以與天地參矣！」（第二十二章）

於是，天，人，物，在「誠」的概念下，都能合爲一體，眞可說集合了原始儒家的「天人合一」以及原始道家的「物我相忘」的雙重境界。

當然，在落實到具體方法之時，則亦如論語一般，「皆以修身爲本」，然後從修身到齊家，再到治國：

「故君子愼其獨也。」（第一章）

「君子之道，造端乎夫婦。」（第十二章）

「君子之道四：……所求乎子，以事父……所求乎臣，以事君……所求乎弟，以事兄……所求乎朋友，先施之……」（第十三章）

「仁者，人也；親親爲大。」（第二十章）

「從容中道，聖人也。」（第二十章）

「大哉聖人之道，洋洋乎，發育萬物，峻極于天。」（第二十七章）

「踐其位，行其禮，奏其樂，敬其所尊，愛其所親；事死如事生，事亡如事存，孝之至也。郊社之禮，所以事上帝也；宗廟之禮，所以祀乎其先也。明乎郊社之禮，禘嘗之義，

治國其如示諸掌乎？」(第十九章)

中庸的思想，透過「誠」的「致中和」，首先獲得大自然的次序，那就是「天地位焉，萬物育焉」(第一章)；而「人」在這自然的次序中，也是透過「誠」而「贊天地之化育」以及「與天地參」。(第二十二章)

這末一來，我們就可以發現中庸的思想，較論語的思想進了一層，那就是在形而上的意義上，更肯定了「天」和「聖」的層次。這在下表中可以看出：

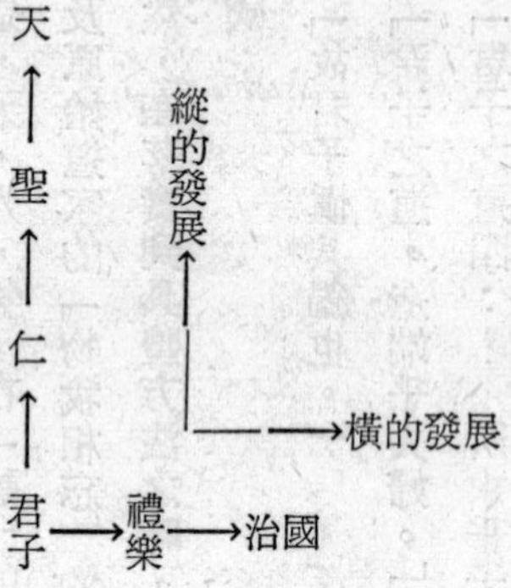

形上思想的「天」，在中庸的內涵中，一方面有下迴旋的「天命之謂性」(第一章)，把天地萬物，宇宙人生的來源，都歸到「天」的概念下；另一方面又有上迴旋的人性的往上提升，即是「至誠如神」(第二十四章)的「與天地參」(第二十二章)，以及「以德配天」(第三十一章)的人生

歸宿。於是，「天」成了起始和終了，成了原因和目的的綜合。

（丙）中庸的「天」和「人」雖然有了這種「命」和「參」的連結，仍然未免有二元的分裂現象，「人」仍然要透過「誠」的努力，才能「贊天地之化育」，才能「與天地參」。到了孟子，宇宙的整體觀開始發展，設法在「人」的內在涵義中，找得先天的合一因素，而完成了儒家「天人合一」的完滿意義。

孟子七篇作爲孟子學說的依據。

相對於孔子的「性相近，習相遠」（陽貨），孟子提出了「性善說」，而用「四端」來陳述性善的道理。

因爲性善，因而，再用「人」在「天地萬物」中的「和諧」及「融通」性，更肯定了「人與天」、「人與人」、「人與物」的三重關係，而道出了：「舜，人也；我，亦人也」。（離婁）

「聖人與我同類。」（告子上）

「人皆可以爲堯舜。」（告子下）

因而，人性的超升，到了孟子，就已突破了極限，可以由內心天生的（先天的）能力，達到「聖人」的地步，達到「知天」和「事天」的境界。

「孟子曰：盡其心者，知其性也；知其性，則知天矣！存其心，養其性，所以事天也。」（盡心上）

而人性的超升方法，也就運用了中庸的「誠」，以及孟子本身發明的「心」。「孟子曰：萬物皆備於我矣，反身而誠，樂莫大焉。」(盡心上)「反身而誠」也就是發現「心靈」的內在涵義；這內在涵義最顯著的，也就是「四端」。「惻隱之心，仁之端也；羞惡之心，義之端也；辭讓之心，禮之端也；是非之心，智之端也。」(公孫丑上)

人性也就由於這「仁」「義」「禮」「智」四端的把握，也就是「盡心知性」而能夠到達「知天」的層面；也就是能「存心養性」，而到達「事天」的境界。從「萬物皆備於我」的體驗，以及「人皆可以爲堯舜」的信念，而到達「知天」的「知」的層面，以及到達「事天」的「行」的層面，而成爲「君子」和「聖人」。

在「天」「人」「物」的探討中，我們可以窺探出孟子思想體系的架構：在「天」和「物」之中，安排了「人」；而人性的發展，其本身就先天地含有了「天」的神聖成份，要超越「物」，而上達「天」的超越發展，是靠「心靈」的超度，而且是有階梯的次序的：

「可欲之謂善，有諸己之謂信，充實之謂美，充實而有光輝之謂大，大而化之之謂聖，聖而不可知之之謂神。」(盡心下)

我們試用這種階梯式的排列來架構孟子的思想體系：

神←……聖←大←美←信←善

天←——人←——物

在這張圖表裏，「人」概念是偏向「君子」的，因爲「性善說」把人的最低層面，都描繪成「可欲之謂善」，而且充滿「仁、義、禮、智」四端的。從「善」的根本開始，發展到「信」「美」「大」，直至「聖」的境界。「聖人」在孟子表中，已成的有堯、舜、孔子，但是，凡是人都有成爲聖人的潛能；而且，「人性」的發展，到「聖人」已是達到了極致。「規矩，方圓之至也；聖人，人倫之至也。」（盡心上）雖然，「聖」是人的超越最高境界，而其上的「神」，則是「聖而不可知之」④；不過，「君子」仍然有這種能耐，可以達到這「神」的領域，而且，進入天地同流的完美境況中。

「君子所過者化，所存者神，上下與天地同流。」（盡心上）

在孟子書中的「人」，可以說是具有了無限的潛能，可以透過中庸的「至誠如神」（第二十四章），而到達「君子所存者神」；又可以透過「與天地參」來瞭解「上下與天地同流。」「人」成了宇宙之中的寵物，「敬天」「事天」，以及「仁民愛物」也就成了「人」在宇宙

④ 孟子在這裏的心路歷程，與西洋神秘學者所發現的，極爲類似；神秘主義者的"Deus Absconditus"（隱秘的上帝），即爲「聖而不可知」的。朱熹所註「聖人，神明不測之號；君子，才德出衆之稱」似乎不太切實；聖人，應是可及的，「神」才是聖而不可知的。

中的意義。「天、地、人」三才的統一性及融通性，也就透過人的「修身」，透過人的「反身自誠」，而變成「聖人」，變成「大人」。

超越的「天」，在孔子的時代裏，與人保持着一段距離，發展到孟子之後，其內存性就開始被發現與發揮❺。

II

從上面「歷史的發展」的探討，我們窺見了從孔子經中庸到孟子，對提升人性所作的理解和努力，以及那些形容人性所用的概念。在這第二部份的「內在涵義」中，我們要進一步，探討這種提升人性的道德哲學的內在涵義。

無論孔子或孟子，或者其過渡時期的中庸思想，所共同強調的是：「人性」超升的「可能性」；以及各種不同的角度，提出了「超升」的方法。

(a)在人性超升的可能性上，無論是孔子對「中人」的「有教無類」的信念，或是孟子「人皆

---

❺關於這點，原是春秋和戰國二個時代思想中，很有趣的分野。春秋時代的老子，其「道」的概念，也是超越性的；至戰國時代的莊子，才把超越的「道」拉下來，變成內存的。（參閱鄔昆如著「莊子與古希臘哲學中的道」，中華書局，民六十一年五月，第六九頁）同樣，孔子超越的「天」，其由「天」而縱的「聖」，到了孟子，也就成爲內存於人心中的了。（參閱魏元珪著「孟子道德哲學之良知基礎」「中國文化月刊」第十三期，民六十九年十一月第七〇——八九頁）

可以爲堯舜」的想法，都給人類提供了一種極其樂觀的訊息。

(b)在人性超升的方法上，無論所強調的「獨善其身」，或是所致力的「兼善天下」，都是在努力使百姓過着「風調雨順」「國泰民安」的生活，乃至於從修身到齊家，到治國，到平天下的政治社會的最高理想。

在「內在涵義」的探討中，我們把問題濃縮成三個面向：

(a)「獨善其身」的「君子」，「兼善天下」的「聖人」，作爲人性超度自身的成果。

(b)「愛人」的橫的發展，作爲縱的努力的「敬天」的必需條件。

(c)自身能力的強調，以及自身極限的感受，作爲討論人性超升的深度理解。

(甲)獨善其身與兼善天下

「窮則獨善其身，達則兼善天下。」(盡心上)這與莊子的「天下有道，聖人成焉；天下無道，聖人生焉」(人間世)的原理相同；一方面說出人生的理想與現實不同層面的調和，另一方面指出人性超升的基本環境條件。但是，「君子」與「聖人」主要的，卻並不是因爲他們能適應環境，而是因爲他們能突破束縛，在高層次的生活際遇中，磨練自己，而透過「修」成爲「修己」，透過「愛人」而成爲「成人」的完人。

我們在分析孔孟思想中「君子」與「聖人」兩個概念時，都會發現：「君子」有「小人」作爲相對的概念；而「聖人」則沒有相對概念的出現(通常以「凡人」作爲聖人之對立)。這其中的意味，是否在於指出：「君子」是做人的根本和起點，不爲「君子」，便成「小人」？而「聖人」則是更高一層的境界，以及更遙遠的理想？孔子的「聖人，吾不得見之矣，得見君子者，斯可矣！」（述而）可作爲極佳的註解。

在許許多多不同角度、不同層面的「君子」描述中，我們可以濃縮成兩個層面：對己和對人。

(a)從對己的「愼獨」，而發展出來的：

「君子道者三……仁者不憂，知者不惑，勇者不懼。」（憲問）

「君子有三戒：少之時，血氣未定，戒之在色；及其壯也，血氣方剛，戒之在鬪；及其老也，血氣旣衰，戒之在得。」（季氏）

「君子有三畏：畏天命、畏大人、畏聖人之言。」（季氏）

「君子有九思：視思明，聽思聰，色思溫，貌思恭，言思忠，事思敬，疑思問，忿思難，見得思義。」（季氏）

(b)從對人的

「君子成人之美，不成人之惡。」（顏淵），以及「君子學道則愛人」（陽貨）開始，而發展出：「推己及人」，以及「己欲立而立人，已欲達而達人」。這「推己及人」也就會「敎不倦」「誨人不倦」而達到「仁」的地步，而成爲「聖人」。

君子在推己及人時，就成了仁者，而進入聖的境界。

這就說明了，「人」不是孤獨的，在他的「命運」中，就是一種「共同存在」❻，與別人一起，同舟共濟，共同擔負各種責任，共同發展存在的意義：不斷的超升，而超凡入聖。因此，人際關係最正常的概念也就是懷有「四海之內，皆兄弟也」的感情。也因此，透過修身、齊家、治國，到達平天下，才算是「君子」與「聖人」的地步，也才算完成人生的使命。

當然，在這修、齊、治、平的漸進原則中，一方面以「皆以修身爲本」爲前提，另方面卻明確地指出「平天下」的最終目標；而在這兩項前後的始點和終點之外，中間的過程是可以有伸縮性，甚至，在「修身」的原則下，可以暫時停止「齊家」的運作；或者，爲了「治國」，可以暫時放棄「平天下」的進行❼。

(乙) 愛人與敬天

從上面的「人」的獨立性，推展了「獨善其身」，又從「人」的社會性，推展出「兼善天

---

❻ 在這裏，借用存在主義學者海德格(Martin Heidegger, 1889-1973)的概念「共同存有」(Mit-Sein)，作爲儒家「人際關係」的進一步理解。參閱劉正浩著「亞聖孟子」，中華文化復興月刊第十三卷第十二期，民六十九年十二月第六二——六三頁。

❼ 這裏因了「修身」的迷失，而可以暫時停止「齊家」的運作，可在中國文化發展中，佛學傳入中國，而爲儒家所接受，就是一個明證。儒家原以「家」爲中心的「不孝有三，無後爲大」，或者「父母在，不遠遊」的體系，竟容忍了佛學「出家」的提案，而讓出家人改名換姓，並且遠離父母。同樣，在國家民族遭受到內憂外患時，「救國」的努力勢必要掩蓋世界主義的理想。

下」的原理。再進一步，就是跳過「人對自己」以及「人與人」的關係之上的「天人關係」。

「人際關係」與「天人關係」是這裏要探討的課題。

從「兼善天下」的原理，可以建立人際關係的典範。

從孔子的「天縱之聖」到孟子的「盡心──→知性──→知天」以及「存心──→養性──→事天」，亦可窺探出「天人關係」的大概：

(a)從「天縱之聖」到「獲罪於天，無所禱也」，不但指出了「天」是超越人，超越人性的，而且亦指出了「天」，並不是認知的對象，（其間配合着「夫子之言性與天道，不可得而聞也」）而是人類崇拜的對象。（其間配合着「丘之禱也，久矣」）

(b)就是孟子雖然強調了「人皆可以爲堯舜」，人性有變成「聖人」的潛能，可以完成中庸的「贊天地之化育」，以及「與天地參」，但是，絕沒有「人＝天」的公式出現。因爲「知天」與「事天」的工夫，從不間斷。人類需要「吾日三省吾身」，人類需要不斷的「學不厭」，以及「敎不倦」也正表示人性目前的情況，不是完美的，更不是十全十美的。人可以與天地參，也可以成爲堯舜，但那是「未來式」，而不是「現在式」，對現代人來說，亦不是「過去式」。

(c)近來有不少學者，設法去除儒家思想中「主宰天」「人格天」「超越天」的可能性，好鞏固儒家的「人本」思想。但是，亦有持相反意見的，認爲「天」概念，在儒家思想中，意義非常多，含義非常豐富，包含了義理之天、自然之天、人格天、主宰天，等等的多種含義。因而，肯定

「天＝上帝」的思想未免太偏窄，但是，否定「天」有「上帝」的意義，也屬偏見。孔子信天、敬天，孟子知天，事天，都是不可否認的事實。

如果以孔孟講論「天」的地方很少，而討論「人」的篇幅特多，因而結論出，孔孟思想是「人事」，甚至，進一步說，孔孟把「人」與「天」看成平等；這也就等於說，因爲愛因斯坦的著作，都在討論物理，其中不討論道德，不討論上帝，因而斷定，愛因斯坦是「唯物論」，斷定其爲「反道德者」，斷定其「不信神」，同樣的幼稚和荒謬。

在這裏，比較合理的解釋是：

(a)用横的「愛人」，來實踐縱的「敬天」。

君子的三畏：畏天命、畏大人、畏聖人之言；
君子的盡心，知性，知天；
君子的存心，養性，事天；
都是「敬天」的表現。

(b)君子的「學不厭」表現了「智」，
君子的「教不倦」表現了「仁」，
「智」和「仁」的相加，就成了「聖人」，而「聖人」卻是「天縱之聖」。

(c)修、齊、治、平的漸進原則，落實到具體的政治社會中，也就是「獨善其身」的「修己」，以及「兼善天下」的「成人」。

(d)「天人合一」的起點是「修己」，但必須透過「成人」的胸懷，否則無法稱得上是「聖」，無法與天地參❽。

(丙) 能力和極限

人本精神和人文精神不同，前者以「人」爲形而上的基礎，而且爲最終的基礎，後者卻不排除人之外的更高原因的存在。

「人」概念在孔、孟思想中，本身生來尚不是「完美」的，它需要「修」才能超越。雖然，人懷有善性，可以成爲君子，可以成爲聖人，可以成爲仁者；但是，這些成果卻需要努力爭取，才能獲得；亦卽是說，人性是由缺陷，走向完美。

至於走向完美的最終方式，由孔子的「天縱之聖」，或者由孟子的「人皆可以爲堯舜」？或者，由孔子的「性相近，習相遠」，或是由孟子的「性善」？或者，更進一步提出更具體的做法，依孔子的「獲罪於天，無所禱也」的「天」？或是中庸的「與天地參」的「天」？或是孟子的「知天」「事天」的「天」所賜予？

❽ 「修己」與「成人」的不可分性，原是人性「共同存在」的重要特徵之一，這也是中國哲學「整體觀」(Universism) 的主要理解。(參閱蕭師毅著「共產主義以後來的是什麼」，哲學與文化月刊，第六卷第一期，民六十八年四月一日，第九頁。)

其間的問題，並不落在「天」概念的定義或界說，而是直接問及道德哲學的最終基礎；而且亦是道德哲學的形而上基礎。

這課題的重心，因而就成了「內在涵義」的核心問題，它要問及：

(a)人對是非善惡的認知能力。其中包括人性中君子的認知能力，與小人的辨別能力，是否會有本質上的差距。

(b)人對是非善惡標準的決定能力；亦即問及，人性是否爲道德標準的最終基礎？

(c)人在辨別了是非善惡之後，是否就必然隨着有足夠的力量去實踐？

顯然的，第一個問題問及的，是「知」的能力問題，是「知」識能力的層次問題；同時也是問及人天生來智愚是否平等，而且亦問及「好人」與「壞人」對是非善惡的辨別能力，是否相同的問題。

第二個問題問及的，是「知」的極限問題。人的良知祇是有「分辨善惡」的能力呢？抑或亦擁有「決定善惡標準」的權力？

前二者是「理論」問題，是在討論人的「知性」。

第三個問題問及：人的「行」爲問題，知善是否就會去行善？知惡是否就會避惡？或者，屢次有「力不從心」的體驗？明明知道是善的事，卻不去做，而明明曉得是惡的事，卻偏偏去做

了？❾

這第三個問題是「實踐」的課題，是探討人的「行」的能力和極限。

前二個「知」的問題，陽貨篇有一段非常清楚的答案：

「宰我問三年之喪。期已久矣！君子三年不爲禮，禮必壞；三年不爲樂，樂必崩。舊穀既沒，新穀既升；鑽燧改火，期可已矣！

子曰：食夫稻，衣夫錦，於女安乎？

曰：安！

女安則爲之！夫君子之居喪，食旨不甘，聞樂不樂，居處不安，故不爲也。今女安，則爲之。

宰我出。

子曰：予之不仁也。子生三年，然後免於父母之懷。夫三年之喪，天下之通喪也。予也有三年之愛於其父母乎？」

這答案展示出：良心不是決定善惡之標準，而且，亦指出良知有時會錯誤。同時還指出：仁者與不仁者對道德標準的認知程度不同。

---

❾ 「惡」的問題，羅馬書七章十五節，保羅有極深度的描繪，他說：「我所願意的善事，我偏不作；我所惱惡的惡事，我偏去作。」

關於第三個「行」的問題，也就是涉及到「力不從心」的體驗問題。論語述而篇有謂：

「子曰：德之不修，學之不講，聞義不能徙，不善不能改，是吾憂也。」

如果「人」在「認知」是非善惡，「分辨」了是非善惡之後，又不能行善避惡，而反過來去作惡；是否正是指出：「人」不可能是道德的最終基礎？

這就導引出下一部份的探討。

III

道德哲學，可以從是非善惡之辨別論起；但是，道德形上學，則必須超越是非善惡之上，直指是非善惡之批判標準。亦卽是說，道德的基礎，不是起自「是非善惡」之心，而是要超出這「認知」的範圍，直透到「決定」善惡的主體中。就如說：許諾了的事應奉行！這是道德命令，是「朋友有信」的擴充和落實；但是，這種道德命令的落實，卻祇是「認知」層面的，是「知識」論上的，而不是道德的決定主體的。因爲，人類並無法表決，除去這種「朋友有信」的原則；亦卽是說，人類的良知是屈服在道德命令之下的；人不是道德的標準，也不是道德原則的主人，而是要奉行及遵守道德命令的。

(a)在「成己」的問題中，我們比較容易解釋和接受，爲什麼一個人要修身？要變成君子？

(b)在「成人」的課題中，若以人本精神去解釋道德規範，就困難重重了。因爲，憑什麼我們要去愛那並不完美的人類？尤其是要愛那陷害我們的仇人？

(甲) 形上基礎的確立

在非常具體的「人類往何處去」課題中，「人與物」的關係的發展，形成了前所未有的困難。自然科學萌芽時代，人類用那「萬物之靈」的自信，一步步地改變生活的素質；但是，到了今天，無論是毀滅性武器的發展，或者是各種汚染，都對人類生存本身有了威脅。今天，自然科學已不再純粹爲了人類的福祉，而是威脅着人類的生存。

在另一方面，在「人與人」的關係中，昔日柏拉圖的理想國，或是孔子的「太平世」構想，都被困死在國界、種族界之中，絲毫沒有走向世界主義的意圖。恐怖、奴役、迫害，不斷地發生，人類的心靈和肉體，都在憂心和淚水中受苦受難。

再上一層次的「人與天」的關係，自從西洋十九世紀的唯物、實證等思想的發展以來，受過科學洗禮的人們，都已不敢坦誠佈公地宣稱自己對彼岸和來世的信念；而打着人本的招牌，以今生取代着來世，以時間來代替永恆。形上基礎的被否定和被忽視，也就足以扼殺人際關係中的「以仁愛代替出賣」的信心，也就是更足以挾持殺人武器來壯大自己聲勢的當代潮流。

在以「指點迷津」以及「提出化解之道」爲己任的哲學體系中，強調着人性的尊嚴和價值，抱着「人性提升」的堅強信心，在「修己」以及「成人」的設計中，提出了「君子」和「聖人」概念，在各時代，各地區中，作着振興道德的努力。

在這裏，唯一根本的問題是：向着何處發展？亦即是說，人類依着什麼樣的標準，去發展自己成爲「君子」，成爲「聖人」？這「最終目的因」的探求，是否同爲「最終形成因」的追溯❿？

在這裏，孔孟所強調的完成人格，如果以「止於至善」的發展作爲終極，對個人來說是「聖人」，是超凡入聖，是達到「天人合一」的境界；而對社會羣體來說，即是落實到具體社會的「天下爲公，世界大同」的「太平世」。這種中國的「自證慧」，相對於世界的「共命慧」來說，是否也就是國父　孫中山先生所集中西之大成，而用「進化論」的思想，所開拓出來的「人類進化」？用仁愛和互助的原則，使人類向着「爾旨得成，在地若天」的進化終點，同時又是「天下爲公」的政治落實？但是，無可諱言的，人類進化階段的目的是「神」，這是整體進化由物到獸，由獸到人，由人到神的完成階段。這樣，承傳了中國道統，同時又採納了西洋精華的國父思想，也就在中西合璧的人類共命慧中，指陳了「最終目的因」，是人類的，同時是宇宙的⓫。先總統　蔣公，繼承了　國父遺志，在形上體系上努力完成了更完美的架構，把　國父進化起點的

❿ 在哲學因果的探討上，依亞里士多德形上學的體制，最終的原因本身，必然是形成因(Causa efficiens)，同時又是目的因（Causa finalis）。（Arist. Met. XII, 1072 a 27）。若把孔子看成唯物論者，則根本無法瞭解形上學的意義了。參閱任卓宣著「孔子哲學新論」哲學年刊第一期，民五一年六月第六六頁。

⓫ 鄔昆如著「三民主義形上思想之發展」，中央研究院三民主義研究所專題選刊三十六期，民六十九年六月，第二十一頁。

「太極」，以及中國自證慧中的「天人合一」的「天」概念，統統以「上帝」概念來解釋，以完成了「起始等於終了」⑫的最深奧原理，同時給予三民主義哲學，以及中國先秦哲學的原理，一種穩固的形上基礎⑬。

這末一來，在「動態」的宇宙觀的觀點之下，生在宇宙中的「人」，既然是由「物」進化為「獸」，再由「獸」進化到「人」；而在「人」的現階段中，唯有透過「仁愛」和「互助」的精神，才能踏進通往進化的最終目標，變為「神」的境界。於是，「人」對「天」，對「人」，對「物」的關係，都有了形而上的基礎；在「用物」「愛人」「敬天」的綜合關係中，「愛人」才是「用物」的標準，而「敬天」亦才是「愛人」的最終動機。於是，「人性」的「仁民愛物」，在「天」那裏，找到了思言行為的動機。

(乙) 禮樂和孝弟

中國儒家思想，在人性的提升上，正如「史的發展」和「內在涵義」的探討所獲得的，是「修己」和「成人」的漸進原則。而「修己」和「成人」所需要的內外條件，就落實到「禮樂」和「孝弟」之上。「孝弟」是「仁」之本，而「立於禮，成於樂」的原則，更是文化所不可或缺的條件。

⑫ 同上，第十八頁。

⑬ 先總統 蔣公著「解決共產主義思想與方法的根本問題」蔣總統集，國防研究院中華大典編印會合作出版，民五十七年三月三版，第一九二七頁。

禮樂陶冶心性，無論是社郊之禮，宗廟之禮，或是日常生活的各種「禮節」，而且，在「禮」之中表現的「樂」，亦都是人類心靈精神狀態的提升。現今工商業社會中，禮樂的場地在那裏⑭？

孝弟的表現必須在家庭的共同生活環境中，國民住宅的設計，是否足供三代之居室？藉以盡孝弟的理想？農業社會中「家」的美德，是否由於法治的初步實施，而輕易地搬來了「離婚」「節育」「墮胎」等概念，而忽視了「家」在儒家傳統中對「修成」的重要關鍵⑮？

現代人居住在一貫作業的工商業社會中，對心靈的陶冶，以及對人與人的關係，似乎都應由「制度化」來支持。制度的禮樂，制度的孝弟，才足以使人性從「君子」超度到「聖人」的境界；同時，也唯有小人的減少，乃至於絕跡，才能使社會步入「太平世」，而供全人類過着幸福

---

⑭ 目前臺灣省有制度的禮樂場所，都已退隱到教堂與寺廟之中，國家沒有祭天，百姓亦少有祭祖的禮儀。「禮」在孔孟思想中，原有宗廟之禮、社郊之禮、祭祖之禮；今人以人本主義來解釋儒家，完全以「個人」的內心作爲尺度，而失去敬禮之超越對象。參閱唐君毅著「中國哲學原論，原道篇㈠」，學生書局，民六十九年三月四版，第九三——九八頁。以及許志慶著「如何用孔孟學說來改造現代化社會風氣」，文藝復興月刊，第一一四期，民六十九年七月一日第五九——六四頁。

⑮ 儒家「家」的設計是個人修身到達平天下的中站，五倫中「君臣、父子、夫婦、兄弟、朋友」中，中間的三項都是「齊家」的設計；而家的保障，應是中國文化的最大特色，絕不可因西化的藉口，或法治的理由，放鬆了家的穩固性。西洋教育與社會的牽制與我國不同，夫婦關係由教堂起，離婚卻不在教堂，而在法院；婚姻的永恆性有宗教的約束，而中國目前的社會，結合與分離都同樣在法院，祇有法的制約，而沒有宗教心靈的約束。

的生活⑯。

（丙）對「惡」的體認與化解之道

儒家道德哲學的當代意義，在針對「科技」的畸形發展，形成了對人類生存的威脅方面，的確有暮鼓晨鐘的作用；因爲它能提示「人際關係」才是科技發展的動機和基礎：亦即是說，唯有道德哲學，才足以提醒人類，科技是爲人類而發展的，不是爲消滅人類，或是爲威脅人類而興起的。由此，道德哲學憑其良知的道德命令，就足以說明「人與物」的關係，原是架構在「人與人」之間的關係上。而問題在於：人際關係的基礎是什麼？正如上面所問及的形上基礎的課題一般，人的良知是「是非善惡」的認知主體，但不是規範的主體。

最重要的理由，就是人間世「惡」的存在；就是人類中「小人」的存在。

西洋文化中，從禮教到法治之間，保留了強烈的「報應」觀念，而後者是宗教情操⑰。「罪惡感」與「懺悔」，正如「憂患意識」與「獻身」一般，是形影不離的。孔孟思想中，是否過於致力使「君子」變成「聖人」，而忽略了指導「小人」變成「君子」的道途？「罪」與「過」的

⑯ 人性因爲由靈肉構成，純理論的東西，必須落實到具體生活中，才爲有效；心性的陶冶因而亦必須有制度的習慣性來維持。其中的具體比方，就如以色列亡國二千多年，仍然能復國，而中國反淸復明的力量在海外很快就消失，不能不說前者因爲有「安息日」的制度，以保存發揚民族意識，而反淸復明的志士沒有制度來維持和發揚，乃終歸被消滅。

⑰ 放眼看西洋的社會公德心的培養，不得不讚嘆他們的宗教報應觀念的成果，而不是警察的力量。

感受，在先秦儒家之中，不是沒有，而是在進一步的「改過」方法上，沒有受到足夠的關懷⑱。可以這末說，儒家道德哲學所關心的，是君子之道，是聖人之道；而沒有提供小人自新之道。

在學術的發展中，我們不妨試擬思想整體的設計，設法在「當代意義」中，替儒家，尤其是替孔孟的學說，補充對「惡」的範圍，擴大到「從小人變成君子」的可能性展示。下面二段的討論，即屬於這種嘗試：

(a)「人」的整體性的體認和接受：

從「性相近，習相遠」的道理，可以看出孔子原義中，已含有人類「向善」以及「向惡」的雙重可能性；而且，在印證到具體生活中時，人間世的確有君子，也有小人；有好人，也有壞人；有行善之人，亦有作奸犯科的人；有好心的人，亦有存心不良的人；有數不清的好事，但亦有許許多多惡事。因而，如何發揚善，固然是高尙的意圖和行爲；如何抑制罪惡，又何嘗不是正義的行爲？

於是，如何發揚善，固然是道德哲學的課題；但是，如何消弭惡，卻亦是當前倫理道德當務之急。

(b)「人」的形上基礎的研究和確立。

⑱ 中國哲學思想的發展，在先秦時尚有「小人」的與君子對立，至西漢所關心的大都是聖人，到了宋明，幾乎沒有「小人」的存在，好像世界之上，有的都是好人，都是君子，沒有惡人和惡行似的。

由「人」向着何處發展的課題，以及，「人」爲什麼向着目的發展的問題開始，追溯到「太初」的探討⑲。而各種「力不從心」的體認，所展示在道德實踐上的，「知之非艱，行之惟艱」（書經說命中），不但指出「人性」軟弱的事實，同時也正揭示了墮落後的拯救。對「罪惡」的研究，無論其起源問題，其所帶來的惡果，以及對其拯救的方案，亦都成爲道德哲學全面探討所必需。

當代的儒者，在學問的研究上，已不能滿足於解釋古典經書上的字句，而是要踏實在當前的具體社會中，認清當代問題，把握「現代人」的全稱意義。而在人性超升的設計上，引導「現代人」去做理想中的「君子」，去做理想中的「聖人」。

⑲「太初」問題的研究，原是西洋哲學的原始課題之一，因而也導引了形上學的本體論課題；中國哲學的發展，在這方面似乎應加強。參閱方東美著「中國人生哲學」，黎明，民六十九年七月，第十七頁、第一一八頁。並參閱先總統　蔣公「解決共產主義思想與方法的根本問題」同上註十三。

中國文學的文化觀

「文學」本來是描述「情感」的作品，而「情感」發自人的心靈；文學作品對情感的描述，則是由作者的豐饒心靈，對自身生命的深度感受，而用生動妙化的文筆，把它描繪出來，讓知心人去欣賞、去感受、去發出同感。文學因此一方面描述着時代的種種，但在另一方面則領導着時代的前進。無論是對時代的描述，或是對時代的導引，都涉及到文化的問題。

一個人，發覺到自己生存在天和地之間，發現到自己生活在人與人之間，最先所感受的問題，就是如何活下去的民生問題，在這個根本的問題解決之後，接着來的，就是如何做人的問題。如何做人？所涉及到的問題非常廣泛，對現實問題是否滿意，是否能提供出更好的生活方式，是否必須回到古代或上一代的謀生技能，是否要開創完全新的局面；這些課題，統統都是做人處世的根本問題。但是，這些做人處世的根本問題所涉及的，一方面是人類文明史中縱的問題，也就是說，是要說明在人類文明發展史中，過去的情形的反省以及批判，現在的適應以及改善，以及對未來的憧憬和努力；這樣，連結了時間上的過去、現在、未來，而開創出人類文化的縱的發展。在另一方面，做人處世的問題也更涉及到社會上人際關係，國際關係的課題，這是人的横的問題的探討，各種倫理規範，道德原則，都會在現實和理想的相互衝擊中，結論出最合乎人性的想法和做法。

也就在縱的「史的發展」以及横的「社會問題」的交互演變中，人類的社會也就漸漸進步，發展出文明，乃至於高度文明的生活方式。

這種「歷史」以及「社會」縱横雙向的交互情形，就形成了文化的最根本涵義。

因此，要談文學，其最深的基礎中，以及其最高的境界中，也就必需是文化問題。人類藉着自身的智慧，創造了文化，同樣，這原是由人類所創造的文化，卻引領着人類，走向自己光明的、幸福的前程。

中國文學，有非常悠久的歷史，從先民的歌謠，一直到當代的夾雜洋味的通俗文學，已有幾千年的歷史。文學家們在這漫長的歷史中，創造了難以計數的稀世之作，一直到今天，我們仍然能够透過「文字」的法力，摸索出中國文化的演變，以及中國文化的內涵，更進而肯定和認同文化的當代意義。

「文以載道」的原理，也就是由於中華民族的祖先，除了用語言，設法溝通人際關係之外，尙發明了相當獨立於語言的文字，使後者不會因時地的變遷而變化，這樣，能以文字的工具，傳遞思想給千秋萬世，中國文字在這方面的作用，絕非西方完全附屬於語言的拼音文字所能望其項背的。

文字所表達的文學，在中國的文化發展中，因而就有了相當一統的傳統；這一統的特性也就統一着中國，統一着中華民族，聯繫着海內海外的每一個中國人。

「文學」本來的含義，就應該是以文字表達意義的作品，蘊含超時空的文化潛力，使所有與其認同的心靈，都能感受出人生的意義，並且都樂於付出代價，去追求和實踐這種認同感。

這末一來，「文學」的確是涵蓋了所有由文字傳遞的作品，我們今天來談文學的文化觀，也就是在這種極廣的意義上，來談文化；把所有中文的作品，都當作是「文學」，而在這種意義下的文學中，能夠劃入上面所論及的，縱的「史的發展」的作品，或是橫的「社會性」的作品，都在討論之列，都要設法從中窺探出其文化觀。

雖然如此，文學的價值雖不受時空的限制，但是，我們要以一篇短文來探討文學中的任何問題，都要受時空的束縛，也就因此，我們在這篇短文中，不可能涉及每一個時代的每一篇文章，甚至亦不可能論及那些具有代表性的作品的每一篇；而是在非常節簡的方式下，取出峯巔作品中，對文化的探討，就如在先秦數百年的歲月中，在數不清的文學作品中，我們祇會把焦點集中在禮運大同篇的「天下爲公，世界大同」的理想上，作爲先秦文學與文化上的重心。甚至，就如對整部書經，或者整部史記的內容，我們祇採取了「憂患意識」的社會文化精華，作爲中國文化開創時的祖先心態。

當然，「大同世界」與「憂患意識」本來已經不是一般的感情因素，而是已經超越了感情，或者說，感情已達到成熟的階段，才產生出來的「理性」行爲。感情多少受到時空的束縛，而理性則要突破時間的極限，走向永恆的境界，要衝破空間的藩籬，奔赴無限的國度。文化也就會在永恆和無限中，發揮它的力量，引導人性走向完美的境界。

也就在感性的成熟，走向理性階段的文學進步中，文化意識就漸漸地成熟，因而也就成爲本文探討的課題。

爲了思想體系進行的方便，我們且分本文爲三大部分：首先從「歷史發展」的線索中，從縱的文學發展史中，看看文學中所蘊含的文化意識；然後進入文學的內涵，看看文化的眞正的內在涵義，在文學的表象中，如何隱藏着，而且，其感性的因素如何超度了自己，而進入理性的層面。最後，集合了史的發展與內在涵義的研究，結論出文學中的文化觀在當代的意義。中國文學所展示的哲學思想，尤其是對預言人類未來命運，以及努力改善命運的想法和做法，實足以提供世界文化作參考，作認同；就其「太平世」的設計而言，的確是人類心靈的感性所啟發，經過理性的導引，所結論出來的最終理想，也更是目前世界紛亂中治本的良方，足以和柏拉圖的理想國，以及基督宗教的博愛思想比美，而且可以與彼等共同努力，改善世界的醜惡，而引領人類走向幸福。

本文因此也就分段爲：史的發展、內在涵義、當代意義三部分。現在，就開始探討第一部分：史的發展。

第一章　史的發展

中國文學史的發展，也就是中國思想史的發展，甚至，也就是中國文化的發展。站在文學表現人生，人生創造文學的原則上來看，的確是如此。

上面提及到，中國文學發展史非常的長，而文學作品又是那末多，要以極短的篇幅去涵蓋整體的文學，當然是不可能的，幸好我們現在的題目局限在文學的文化觀中，凡是與文化沒有直接關係的（至少著作的文字表象上不涉及文化的），我們就可以將之省略不談，而祇在表象的直接關係中，去尋找文學中的文化觀。這樣，在史的發展中，也就把範圍縮小到，文學中對文化所表現的意見，如此，順着歷史發展的分段，我們也就瞭解到「文化史」在本文中所占的份量，委實要比文學史的份量爲多，而且，與其說，站在文學的立場來看文化，不如說，站在文化的立場來看文學。

因此，正如前面所說的，文化的意義可在兩個面向中，表現出來，一個面向是：對歷史的體認；也就是說，在對過去的生命體驗所獲得的經驗，作為價值批判的原則，以之衡量現在，並且，以現在的狀況，來預言未來。這樣，歷史的意義委實不但是指過去的事實和事件，而是對現在與未來的批判。文化的另一個面向是：對社會的瞭解和設計。從哲學家或文學家的理知以及良心的體驗，覺察出人類社會的應然和實然有某方面的差距時，先知先覺之士，就會挺身而出，指點迷津，提出化解之道。而對社會制度或是風俗習慣所提出來的改革方案，往往也是文化發展史中，最具代表性的意見。

如此，在史的發展這一章中，我們的尺度和標準，也就是在「歷史的」以及「社會的」兩種層面，來看中國文學的發展。

在文化的發展史中，通常的分段是：先秦、兩漢、魏晉、隋唐、宋明、清代、民國。我們也就依照這分段和順序，來看中國文學中的文化觀演變的情形。

第一節　先秦文學的文化觀

中國最古老的文學屬於歌謠類，其中最有系統的莫過於詩經與楚辭。歌謠反映出我國先民的生命情調，歌謠的內容涉及到對農民的簡樸生活的描述，但同時亦在字裏行間暴露了先民對生活的滿足，與心靈生活的豐饒。先民有初期的社會組織，有宮廷的豪華生活的記述，但亦有農家樂的精神享受，有戰爭的困擾，但亦有和平的氣氛，有暴虐的政治的怨嘆，但亦有德政的敍述與嚮往。先民的這種生活情趣，完全表現出他們對人生的態度，這也就是人生觀的表現，是樂天知命的人生觀，是以這種人生觀來安身立命，這也就是中國文化最早的雛形，而且是孕育了五千年的中華文化。

在許多歌謠中，有數不淸的關於安身立命，與世無爭的詩篇。就如帝王世紀裏，載着的唐堯時的擊壤歌：

「日出而作，日入而息；鑿井而飲，耕田而食；帝力於我何有哉？」

再如孔子家語辯樂解中，亦載有虞舜時的南風歌：

「南風之薰兮，可以解吾民之慍兮；南風之時兮，可以阜吾民之財兮。」

這些都是指出「風調雨順，國泰民安」的生活，而百姓和執政者，都享受着這種「平安」與「和諧」的生活方式，因而，也就對戰爭和動亂，有不能掩飾的哀愁；就如詩經王風君子于役中所描寫的：

「君子于役，不知其期，曷至哉？鷄棲于塒，日之夕矣，牛羊下來。君子于役，如之何勿思？君子于役，不日不月，曷有其佸？鷄棲于桀，日之夕矣，牛羊下括，君子于役，苟無饑渴？」

中國文化，早就崇尚和平，雖然在歷史的發展事實中，總是有戰亂，但是，百姓心目中所嚮往的，卻永遠是太平的日子。因爲，祇有在太平的日子裏，才可以享受到生命的樂趣，就如詩經邶風靜女所描述的戀愛歌：

「靜女其姝，俟我於城隅；愛而不見，搔首踟躕。

靜女其孌，貽我彤管；彤管有煒，說懌女美。

自牧歸荑，洵美且異；匪汝之爲美，美人之貽。」

唯有在太平的日子裏，才能夠享受榮華的生活，像詩經小雅鹿鳴所載：

「呦呦鹿鳴，食野之苹。我有嘉賓，鼓瑟吹笙；吹笙鼓簧，承筐是將。人之好我，示我周行。呦呦鹿鳴，食野之蒿。我有嘉賓，德音孔昭；視民不恌，君子是則是傚。我有旨酒，嘉賓式燕以敖。呦呦鹿鳴，食野之芩。我有嘉賓，鼓瑟鼓琴；鼓瑟鼓琴，和樂且湛。我有旨酒，以燕樂嘉賓之心。」

春秋時代的詩經，反響出當時社會的民心，到了戰國時代的楚辭，因爲環境越來越惡劣，於是悲哀的成份，要比詩經強得多，無論是屈原的離騷，或是宋玉的九辨，都在悲嘆自己的身世，但是，卻不約而同地嚮往着古代的自由以及傳統的精神。

從歌謠到散文的過程，也就等於從感情走向理性的過程，等於從「自然人」的生命流露，走向「文明人」的對歷史社會的探討。

從周公的制禮作樂開始，一直到諸子百家的爭鳴，其間雖充滿了感情的成份，但是，理性都能領導着情感，冷靜地思考人生的目的和意義，以及達到此目的和實踐這意義的方法。

書經、易經、春秋、以及諸子的論著，都在冷靜的理知探討中，要求在安定中求進步，在進步中來保障安定。安定是社會靜態的條件，進步則是社會動態的反映，是歷史的動力；因而，社會進步的最終目標，被界定在禮運大同篇中：

「大道之行也，天下爲公。選賢與能，講信修睦；故人不獨親其親，不獨子其子；使老有所終，壯有所用，幼有所長，矜寡孤獨廢疾者，皆有所養。男有分，女有歸，貨惡其棄於地也，不必藏於己，力惡其不出於身也，不必爲己。是故謀閉而不興，盜竊亂賊而不作，故外戶而不閉，是謂大同。」

這是先秦諸子對美好遠景的濃縮，當然，這遠景不是一蹴就成的，它需要許許多多的努力；這些努力的方法分成許多種，也就是形成各家各派的不同意見。

儒家經典中，提出了非常具體的提案，無論是春秋的治國，或是論語的修身，其實都濃縮到大學章句中，那就是修身、齊家、治國、平天下的漸進原則，而且，在這漸進原則中，不可能有跳躍的行爲，即是說，在天下平之先，必需要治國，也唯有在國治之後，才有希望到達平天下的最終社會目標。同樣，家齊了之後，才能治國；沒有良好的家庭爲組成份子，國家社會是不會有秩序和安定的。更基礎的就是個人，他是家庭的份子，要齊家就必需要有完善的個人作份子；個人不修，家庭如何會和諧呢？於是，儒家提出了修、齊、治、平的途徑，而且，一切「皆以修身爲本」。

道家老子的道德經也好，莊子的南華眞經也好，在修身的一層上更加深了其認識和實踐的深度。原來，儒家所關心的是「人與人」之間的人際關係，於是提出了「仁」「義」道德規範，作爲修身的標準。而道家則是關心「人與自然」的關係，以爲人類的生命體驗，應該到達「物我合一」的境界，也就是「天地與我並生，萬物與我爲一」的境界。道家的生活藝術，把「修己」的程度提高到極致，以爲淸靜無爲，順乎自然，才是幸福人生的最後保證。在這方面，儒家則關心道德情操，設法叫人用仁愛和互助，來建立社會中的人際關係。

原始法家在儒家和道家之外，濃縮了天「理」和人「禮」，而造成了法治的根本信念，而設法在制度的公正廉明中，開拓出社會的安定秩序；而透過安定，走向進步和繁榮，終於把「正義」和「太平」，落實到具體的社會制度中。

原始的儒、道、法，都是在動亂的春秋時代中，覺察到政治社會的根本，並不在外在的制度，而在於統治者是否有豐饒的心靈，是否一切「皆以修身爲本」。

追隨孔子思想的孟子、荀子，追隨老子的莊子和列子，追隨管仲的韓非子等人，都由於對戰國時代的苦難背景，有深刻的感受和瞭解，而一方面承傳了中國道統，他方面又不得不提出當時問題的核心，繼續提出救人救世的偉大理想，在社會的改革方面，從儒家的「人與人」的關係入手；在修己的努力方面，從道家的淸靜無爲開始，以期達到歷史的終極遠景，即「天下爲公，世界大同」的文化理想。

第二節　兩漢文學的文化觀

先秦的詩歌與散文的發展，開創了中國原始文化的類型。但是，孔子周遊列國，其仁義思想並不爲當時諸侯所接納；甚至，到了戰國時代，兵荒馬亂，民不聊生的情況，要比春秋的時候更壞，孟子、荀子、莊子等的思想，亦不見容於當時。「平天下」的理想，不但沒有實現，而且，連治國和齊家的根本，亦都成了疑問。及至秦統一中國，一方面利用「書同文、車同軌」的中央集權政策，另一方面則因了秦始皇的貪生怕死，而興起了煉丹的迷信，而這煉丹後來又發展爲畫符，以及算命、看風水等正與「修身」背道而馳的情形。

漢朝文學發展的「賦」，也就全是道家沒落後，崇向黃老的思想的寫照。「賦」在形式上是承傳了先秦的詩歌，在內容上則全是「無爲」與「養民安民」的消極思想。其宮廷文學中的「賦」，盛讚帝國的榮華富貴，酒色財氣；其樂府詩特別讚美道家人生觀的順天、順自然、清靜無爲；其古詩的創作，雖在形式上擺脫了詩經的束縛，可是，在內容上，也祇停留在描繪當時士大夫的生活，而沒有提出遠大的文化理想。兩漢時代的散文，首推司馬遷的「史記」。「史記」是用價值批判的眼光，來描述歷史的事實和事件，可以說是先秦「春秋」的延續，其內容總脫離不了書經中的「天道賞善罰惡」的原則，也就因此，當司馬遷記載到伯夷叔齊列傳時，對好人的潦倒，以及對盜跖等人的壽終，總是無法理解，而寫出「天道是邪非邪」的感嘆。原則上，「史記」的文化思想，亦沒有脫離書經。

也就在傳統思想沒有新血輪，而新的環境又不斷地改變時，終於形成了兩漢文學中的「神話」系統的誕生，那就是「山海經」，後者設計了「西王母」一類的理想人物，配合着列子的「華胥國」的描寫，把人生的理想，定向在「長生不老」的信念中，完成了畫符、煉丹、算命、看風水的整個風尙。

先秦儒家的沒落，造成了法、術、勢的運用，而忘掉了仁義道德的實踐；先秦道家的沒落，被道教所利用，而在畫符煉丹的情事上，大做文章，魏晉時代的抱朴子，也就是這些只求長生、不談道德修習的極峯。

兩漢的文化，一方面在消化先秦文化的餘暉，另一方面沒有什麼新的創見，其散文中隱藏的哲學思想，從史記轉變到漢書、新語、鴻烈、論衡之後，也就把無限的歷史發展前途，退縮到爲政的小節之中，亦卽是說，在歷史發展的前瞻來說，兩漢已經無法守住先秦時代的「天下爲公」的遠大構想，而把「今朝有酒今朝醉」的短視、以及消極的人生，看成人生目標。另一方面，在社會橫的結構上，亦祇設法以養民安民的體系，作爲執政者理解傳統文化的全燔，以爲「政在養民」的原則，也祇是度一個「風調雨順、國泰民安」的生活，最多也祇是保全今生今世的生命，用煉丹的妙方，使人獲得長生不老，或是返老還童的願望。先秦個人修爲的君子和聖人，以及那立德立功立言的三不朽，都沒有在兩漢的文學中，顯示出特別的光彩和意義。

第三節　魏晉文學的文化觀

兩漢「修」的沒落，不但顯示在畫符煉丹的層面，而是在個人對「天人合一」的企求，變成了追求長生不老的心態，這顯然的是對「不朽」概念的膚淺理解。另一方面，則是對未來歷史的「平天下」雄心的淡泊。這種社會的，以及歷史的雙重沒落，也就構成了文化理想的沒落。魏晉一代，不但沒有出現足以對文化作起死回生工作的先知先覺之士，而是在道家沒落之後的基礎上，發揮着人性安逸的態度和做法。駢體文的浪漫，以及自由的色彩，三祖、陳王、建安七子的人生態度，形成了哲學上竹林七賢的避世自譴的生活方式。雖然，在文學上可以承認，天才與瘋狂之間，祇有一線之隔；樂天知命與感覺麻木之間，亦沒有清晰的分界；但是，站在文化的遠大眼光來看，積極的人生與消極的避世，或者，兼善天下與獨善其身，其間的差別也就不是以道里計。

六朝小說所表現的，像搜神記的長生不老的理想，拾遺記在人事上的預言未來禍福，世說新語的文人逸事，都無法步入文化前程的高層次的理想之中。

「修德」的沒落，個人主義與自由主義思想的興起與發展，以清高爲名，而不參與社會公共事業，成爲文人的風尚。這也就是魏晉文學的特色，上面提及的抱朴子，尤其是其中的詰飽篇，就完全顯示出原始儒家的理想以及原始道家的意境，如何與當時的消極厭世的生活方式，不相協調。

第四節　隋唐文學的文化觀

中國文化到隋唐時，有一個極大的轉變，那就是印度傳入的佛學思想，從後漢已經漸漸進入人心，而孕育了輪廻報應的宗教情操，這種宗教情操，一方面宣示自己在政治權力上，與世無爭，頗能與沒落後的道家思想相結合；但是，在另一方面，卻堅持着輪廻報應的思想，把「修德」的事情重新提出，作爲做人處世的最根本方案，這就與先秦的「皆以修身爲本」完全相連。於是，到隋唐佛學全盛時期，「修」的人生觀又重新成爲中國文化的主流；而這「修」不再是「修身」以後的「齊家」，或是再後的「治國」，而是跳過了「家」以及「國」的界限，直透到世界主義，全人類乃至全宇宙之大統一之中，那就是「涅槃」的境界。在這個「涅槃」的眞如世界中，一切的差別相都不再存在，存在的祇是共相。

中國文化中有兩個最特出的概念，一個是先秦的「仁」，另一個就是隋唐的「涅槃」。「仁」與「涅槃」，都是個人修身所達到的極峯，是「天人合一」的境界，是「物我合一」的境界。

隋唐時代文化的特點，不但是中國文化接受了外來文化的衝擊，而與印度的佛學融爲一體，而且在中國自身，漢、胡的結合，南、北文化的結合，都是大統一的跡象，由這些結合和統一所導致的成果，就是文化上儒、釋、道的大結合、大融滙。佛經大量的、有計畫的翻譯，數量之多，是中國文化分期中，沒有能望其項背者。

佛教在高層次上的智慧，帶給了中國哲學，眞正衝破時間、走向永恒的可能性，其對前生前世、今生今世、來生來世的分野，然後又以輪廻的鎖鍊，連結着今生和來世，連結着時間和永恒，着實給儒家的「修身」，加上了非常堅強的行爲動機，其行善必報、作惡必罰的報應觀念，也眞正上接了書經中的天道觀念，司馬遷史記中的「天道是邪非邪」的疑問，也可以在輪廻學理中，找到最終的解答；原來，報應可以不在今生，而延續到來世；先秦原始的立德、立功、立言的「不朽」意義，也可以在來生來世的設定中，找到註腳。

唐朝在文學上，最特出的就是詩，而詩的形式創造了傳統詩的高峯，詩的內容卻眞的包羅萬象：王維的詩，含有很深的禪味，是佛家對生命體驗的特出表現；李白的天才，在詩中總使人覺得仙界的眞實性，大有用詩的韻律來表現道家的學理之概；杜甫對社會現實的描寫，也正是儒家關心社會、關懷民生的心情。其後像王維、孟浩然的對田園的描繪，並襯托出農家樂的安和樂利的社會，表現出以農立國的文化背景；高適與岑參把中國邊疆的一切，寫進詩歌中，也正表示萬方來歸的中國文化當時的引力。

唐代的詩表現了當時中國文化的偉大，它能容忍並包容外來的一切，而消化之作爲自己文化的一部分。在唐詩中，我們找不到「排外」的痕跡，更找不到「自卑」的氣氛，有的都是接受並融滙好的東西。而唐朝散文中的佛經，更是滙通了中、印文化的精華。在豐富人類心靈的工作上，佛教經典做了無比重要的工作。

第五節　宋明文學的文化觀

中國文學發展到宋明，已經透過了平話，而走進組織比較嚴密的章回中。其文章的發展，正如先秦時代由歌謠演變到散文的情形一般，由感情到理性；章回中的傳奇也好，小說也好，甚至散曲也好，都漸漸引進了推理階段，而逐漸把情感的情事理性化。當然，最理性化的還是宋明諸子，程朱陸王的哲學，更是融通了佛學的心智，而重新認同先秦原始儒家的修齊治平的漸進原則。

當然，文章的嚴肅化和理性化之後，自然而然地變成道學者的臉孔，而文人在這時期中，也就以明道、載道的職責自居。

道學家所用散文表現出來的文化氣息，毫無諱言地承認了儒家的系統，而且直截了當地教訓人修身的要道；但是，小說中所表現的，則是隱含在故事中的含義，是用間接的方式敍述着作者對人生的感受，以及心靈的寄望；當然，後者的潛移默化的力量，當然亦就更能够普及大眾，而把文化的理念深印在讀者的心中，永不消逝。文學對於文化的傳遞的貢獻，也就在此。

章回小說中，最有名的像三國，以儒家的學說方式，辨「忠」「奸」，是孟子「是非之心」

的具體實踐；水滸中的「忠」「義」，表現在梁山泊好漢的生活中，民間的江湖道義很清楚地表現出來；西遊記則是幻想最豐富、規模最大、意義最深的神魔小說，所有不按常規的事件，都可以在善惡報應的原則下產生；金瓶梅利用了水滸中西門慶和潘金蓮的一段淫事，發揮了人性中的「色」的部分，把社會中墮落的、黑暗的一面，用婦人閨閣之背景，描寫出來，有天下第一淫書之稱。

宋明在文學中表現的文化，祇是希望跳過佛學外來思想的束縛，把來生來世的寄望，重新拉回到現實來，以儒家談人事的方式，着重具體的、可把握的人生。不過，宋明諸子在「知」的問題上，花了太多的工夫，乃致於其形上體系的建立，無法支持理、氣之爭，更無法給予合理的解決，於是王陽明提倡了「知行合一」學說之後，才又回到以實踐爲主的儒家系統中，不但沒有加強修、齊、治、平的新發現，就是社會具體問題的關心，也相當的欠缺；這是文化的傳承和開展上，不能不提及的批評。

第六節 清代文學的文化觀

清代是外族入主中原的朝代，在文化的進展上沒有很特殊的大計畫，政治目的卻是希望在安定中求進步，因而其文學最大的目的便是藉之安定社會，尤其安定士大夫的心情，不讓漢族的知識份子，在知曉民族意識之後，發生革命的情事，或是參與反清復明的事業。也就在這種情況下，清代的士大夫，一方面由於滿清所舉行的科舉制度，爲功名利祿所迷惑，而走向讀書祇爲求功名，著作祇爲高官爵祿的意義中，讀書人染上了「書中自有黃金屋，書中自有顏如玉」的幻覺；而士大夫的階級意識，又使文和武完全隔離，致使士大夫變成了「文弱書生」；然後又以許許多多種類的武俠小說，作爲文人的精神補償；可不是嗎？武俠小說中千篇一律地，把身體強壯的大漢，都描繪成四肢發達，頭腦簡單，武功很差的人，而把文弱書生或是妙齡少女，描寫成武功深厚，或是輕功出衆，或是內功超羣，祇要舉手理一理散髮，就足以使那彪形大漢七孔流血，倒地而死：因爲她會彈指神功一類的武功。

無論是武俠小說的麻醉念書人，或是紅樓夢式的榮華富貴的描繪，或是聊齋誌異的恐怖氣氛，甚至諷刺小說的儒林外史，都是在士大夫心中，播下了「現實」的毒素，而阻碍了文化前瞻的可能性。

當然，清代各種著作中，仍然有不少正義之聲，多少使人覺察出民族意識的呼喚，像老殘遊記中諷刺當時官吏之無能，像儒林外史之諷刺知識份子，像鏡花緣與野叟曝言所表現的理想境界，亦都在衞護文化的工作上，做到了應盡的責任，但是，清代整個的仕途以及考選方式，無疑地腐化了讀書人對民族、對文化的憂患意識。

清末出現的一些改革之士，果眞能够看準世界前途與民族前途的，像康有爲的大同書，像戊戌政變的其他先知先覺之士，都能意識到西方勢力的入侵，而奮起參與了救亡運動中的自救與自強設計。

清廷內政外交的失敗，終於使中國變成了次殖民地，它的愚民政策，培養了不少抽鴉片的士大夫，卻沒有製造出救國救民的先知先覺。

鴉片戰爭、英法聯軍、八國聯軍，接二連三的失敗，隨着而來的割地賠款，不平等條約，驚醒了士大夫的迷夢，而挺身出來，檢討自身被欺侮的理由，以及設法窺探西方強盛之道。

中國不幸，世界不幸，中西文化的交往不在希臘與先秦，亦不在西方中世與佛學時期，而在於中國清廷腐敗以及西洋十九世紀充滿唯物、實證、實用、功利、進化、共產的時期。中國在饑不擇食的原則下，向國人廣泛地介紹了物競天擇，弱肉強食，適者生存，不適者滅亡的思想；西洋強權就是公理的思想，衝擊進來尚無所謂，糟的是士大夫的不經心，喊出了「打倒孔家店」的口號，而否定了中國傳統文化的價值。

這是從清代走向民國的文化變遷。

第七節　民國文學的文化觀

像隋唐時代中國文化受了印度佛學的衝擊，而掀起了各種融通的工作一般，清末民初的西洋文化對中國的衝擊，也引起了很大的變化，卽是西化作用。西化大多是看在西洋的船堅礮利的科技成果上，少有關心他們之所以發展了科技的原因。

因爲崇洋思想以及自卑感的相互作用，致使自救運動以及自強運動的文學作品，大都流入讚美西洋而輕賤自身文化之桎梏中。自強運動中的向日本學習也好，向蘇聯學習也好，直接向歐美學習也好，都在表明自身文化已不足以拯救自己的信念。這信念表現在文學上，無論是在諷刺傳統的大家庭制度，或是譏諷傳統的四維八德，其實都是設法在引進西洋的自由主義和個人主義；戀愛小說中所讚嘆的私奔或是偸情，或是雙雙自殺，都在向傳統挑戰，並劃上了傳統文化與新文化的代溝，而且，畢竟與反傳統的思潮認同。

這種西化配合着打倒孔家店的思潮，正如一個蘋果原本掛在母幹上，現在卻認定母幹再也不能給予自己繼續再壯大的功能，而思量着如何擺脫母體，而設法去吸取別的蘋果樹上的奶水。誠然，這隻蘋果的唯一命運，就必然是掉下來；其掉下來之後的命運是：誰在樹下等待，就是誰的。

誰看準了這隻中國蘋果會掉下來呢？誰理解到樹下等待的道理呢？那就是第三國際。

三十年代的許多作品，都受了「新青年」思想的汚染，雖然那時的詩歌、小說、戲劇，寫的祇是「社會的變遷」，是大家庭的沒落，是小家庭的興盛，是官吏的腐敗，是傳統的吃人禮敎，但卻十足地支持了「打倒孔家店」的衝動。

中國自救運動與自強運動所濃縮成的「五四」，負面上竟背負了「打倒孔家店」的罪名，而這種罪孽一直感染了當時大中學生的情緒，雖然在新文化運動中，有不少智慧人士，還在爲傳統衞護，可是，其聲音早被西化的聲浪所掩沒。

五四是民國八年發生的事，民國八年還有另一件大事常被人忽略，那就是國父　孫中山先生出版了他的三民主義文言本。這本書非常重要，因爲在當時大中學生狂烈高喊反傳統的口號中，它竟然主張保持並發揚道統。關於這點，最清楚的莫過於第三國際馬林，原在桂林等待着中國這個蘋果落地，好拾爲己有；但是當他聽說，這個蘋果可能要緊依着母體，而不作他想時，心中自然非常失望，於是乘　國父到桂林時，就直接詢問，以解心中疑慮；而　孫中山先生直截了當地回答道：「中國有個道統，自堯舜禹湯文武周公孔子，一脈相傳，我的三民主義，就是繼承這個道統的。」

中國近百年來的西化運動，自強運動，革新運動，以及其所導引出來的各式各樣的愛國文學，抗戰文學，反共文學，其文化意識，都濃縮到三民主義文化的系統中，一方面繼承中國的道統，另一方面接受西洋的精華，再加上國父　孫中山先生自己的創見。

由於內亂所引起的北伐，由於外患帶來的抗日，由於內憂所引起的剿匪，致使在兵荒馬亂中，無法推行三民主義，而終被第三國際所乘，赤化了神州大陸，爲華夏子孫帶來了莫之能禦的空前大災。

中央政府遷臺後，生聚教育，發揮着三民主義倫理、民主、科學的內涵，在文學的發展上，開拓了反共文學，民族文化文學，道德文學的方向，引導百姓以仁愛、互助爲根本，發揚服務的人生觀;希望透過修身而齊家,而治國,而平天下的遠程目標。

中央文化工作會的各種文藝基金,各類文藝獎金,各種集會,展覽,以及國防部的文藝大會,文藝理論小組等等,以及民間的各種文藝組織,各種文學雜誌,都如雨後春筍,蓬勃地發展,希望用「文以載道」的方式,一方面破共產邪說,另一方面立三民主義的文學體系,來承傳中華文化,來開創民族文化的新機運。

第二章 內在涵義

中國文學的最重要內涵,就是「文以載道」,無論是早期的詩歌重「情」的表出,或是後來散文的重「理」的探討,都要發揚文化,都要指導下一代承傳文化,承傳道統的意義。

也就在這種「文以載道」的內涵形式中,蘊含了許許多多的內容,這些內容都是用「情」和「理」交織而成,表現了人性求美的天性,更暴露了人類追求完美的過程。在上一章的文學發展史中,我們的重心放在「文化」的意義上,事實上已爲這一章「文以載道」的內涵作鋪路的工作。文字本來就是人類思想和言語的表達,而人類在求生存的過程中,總是需要同類相互間的同情與協助,因而,語言文字的運用,就落實到具體的人生中。但是,由於人類愛美的天性,文學的表達不止於情意,而是要漂亮、要美;於是,「美」的形式成了文學不可或缺的本質;求美與審美，也表達了人性在這方面的天性。在詩歌的極度發展中，很可能太過於着重形式的美，音韻的美，而忽略了內容的眞實性，可好，文學的職責不在於表現眞，而是要表現情感，表現美；就如「白髮三千丈」的描寫；李白以一個詩人的身分，用不着向客觀的「眞」負責，也就是說，是否事實上有三千丈白髮，並不重要，重要的是否能用這「白髮三千丈」來襯托出那「憂愁似個長」的情意。

也就在「文以載道」的原理下，看文學中文化的內涵，無論是從「情」入手，或是從「理」入手，都可以有許多不同的面向，來探討本章的核心課題。我們且分成五節來討論。

第一節　憂患意識

我國文人自古以來，都由於懷有憂國憂民的情操，才不惜筆墨，直接把內心的感受寫出來，像孔子的「作春秋」，就是最典型的例子；像國父　孫中山先生的「上李鴻章書」，也是這種類型。

「憂患意識」必須是出於愛心，愛的程度甚至寧願以自己的苦難，來換取別人的幸福。我國最古老的尙書，就充滿了這種情懷：

泰誓中：「天視自我民視，天聽自我民聽；百姓有過，在予一人。」

皐陶謨：「在知人，在安民。」

大禹謨：「德惟善政，政在養民……正德、利用、厚生。」早在伏羲、神農、燧人、有巢等氏的民族英雄記載，就指出了服務的人生觀，而且亦提出了憂國憂民的事實，依孟子的記載，春秋時代「臣弒君者有之，子弒父者有之；孔子懼，作春秋」；孔子的「懼」，就是憂患意識，這亦導引出後來的「先天下之憂而憂，後天下之樂而樂」的胸懷。

這憂患意識後來成了中國士大夫的特性，知識份子尤其生逢亂世，就必然會憂國憂民，而且，在這種「憂患」中，亦會自覺到未來的轉變，就如「生於憂患，死於安樂」的信念。

爲了把憂患意識落實到具體的人生中，知識份子所用的方法，也就是「愛人」。「愛人」在消極上是要除去天災，除去人禍；而積極上，就是從修身開始，經齊家、治國，到平天下；把全體人類都看成平等，如果有某種原因，使得有不平等的事情發生，那就要利用互助和仁愛，以人爲的方法，使得人人平等。

在中國思想發展史中，先秦的「仁」是積極的人性提升，是憂患意識的主體根本，是要達到儒家的天人合一，以及道家的物我合一；復次，隋唐的「涅槃」概念，是消極方面的落實，是要個人擺脫所有煩惱，而進入一個不生不死的超越境界。但是，無論是「仁」者，或是進入「涅槃」的人，都仍然是入世的，仍然是「仁者愛人」，以及大慈大悲的佛心，懷有「我不入地獄，誰入地獄」的情操。

在人際關係的表出中，當然不是一蹴卽成的，愛人或者是慈悲之心，也不是不需要經過努力就能獲得的，它是透過「正義」、「慷慨」等概念，按部就班地實現成的。其過程也就是：最先的將心比心的系統，瞭解「己所不欲，勿施於人」的原理，才不致於違反正義，才有「非禮勿視，非禮勿聽，非禮勿言，非禮勿動」的行爲表現；再升一層的，就是比較積極的，希望別人得到好處，那就到了「己欲立而立人，己欲達而達人」的境界，在實踐生活中，也就會做出「老吾老以及人之老，幼吾幼以及人之幼」的行爲。到最後，也就是除去所有私心，而成爲「先天下之憂而憂，後天下之樂而樂」的心境。

第二節　自我超越

文學表現的「美」，像詩歌的韻律，小說的情節，散文的意境，都是要提升人性，使其能脫離並淨化現實界的醜惡和困境，而以「美」的人生來裝飾自己的理想。現實人生中越苦悶，也就越需要精神的解脫，而文學所能給予的，也正是可以在「禮」「樂」之中，讓人的心靈，沈浸在「美」的氣氛中；文學所表現出來的文化，就如太平世的嚮往，或者是路不拾遺、夜不閉戶的社會情況，亦都是能使人富有「高尙」的情操，宛若使人的精神，透過這些高尙的思想，能够脫離肉體庸俗的束縛，而飛升於九霄之外，享受與眞、善、美、聖融洽之樂趣。莊子之夢蝴蝶，或者列子之華胥國，亦都使人有這種超越的體驗。

固然，文學一方面有敎條式的，勸人爲善，勸人避惡的善言，但亦可以用寓言式的比喩，發人深省，甚至利用怪誕的神話，或神怪，來使人的精神，擺脫塵世間的諸種困擾，而享受到淸靜的、無束縛的、自由自在的生活。

能够在文章中找到消遣的人，才是能自我超越的人。

在這裏，「文以載道」的「道」字，可以是非常嚴肅的，亦可以是非常輕鬆的；其嚴肅面是敎條式的訓話，其輕鬆面則是心靈所獲得的自由。

一個人，能够在文學的涵義中，找到通往「自由」之「道」，也就成爲眞正的文學欣賞家；一個人，能够用文字把自己對「自由」的經驗，描繪出來，使讀者自然而然地獲得同感，那他也就成爲眞正的文學家。

一篇好的文學作品，必然能够領導着讀者的情感，使之認同文中的喜、怒、哀、樂，而在自身的生活中，安揷着笑語和淚痕，而達到「情」的完全流露。

當然，人在聖經或佛經中所獲得的宗敎情操，或許引領人更上一層地進入涅槃，而超乎了所有「情」的表現方式，而同於大通，進入了忘我之境。

第三節　從正義到德行

文學內在涵義的意義，並不止於引發個人的情感，也不但引導人超脫現實的困境，而且要使人從思想走向行動；無論是書經的賞善罰惡的概念，或是佛教輪廻報應的思想，都使人產生一種正義感，要在具體生活中，除惡務盡；而這種除惡務盡的心願，或是在小說中的俠義行爲所表現，或是忠臣對昏君的死諫行爲的記述，都在說明「犧牲」，以及「受苦受難」的意義，它會到達「春蠶到死絲方盡，蠟炬成灰淚始乾」的情懷。

德治主義、王道主義、以德化人等等的落實到具體社會的構想，都是來自文學對文化的傳遞，而一代傳一代地世代相傳。

李密的陳情表總會激發人的孝思，而頌揚孝道的神聖；諸葛亮的出師表也必然使人對「忠」的概念，有深度的感受，而在正義感上，對叛國之徒切齒懷恨，而頌揚忠君愛國之士。文學的作用和功能，不但在情緒上激發起「忠」「孝」，而且在「反身而誠」的體驗中，自身亦會去仿效，爲父母盡孝，爲國家盡忠。

從理論到實踐之路，是從知到行的過程，「文以載道」的意義，在這裏又導引出另一層境界，那就是在激發起人的天生良知良能中的人際關係的「應然」，而使其轉化落實爲「實然」；從正義到德行的標題，也正揭示了這層意義。

第四節　人為中心的文學

「文以載道」的「道」，在傳統的意義上，固然有天道、地道、人道之分，但是，無論就其描繪的主體而言，或就其所要表達的客體而言，或是就其所要確立的主體際性來說，都是在「人」的範疇中，都是在「盡人事」方面着手。文學在整體文化的表現上，首先就是在意識到，一個人生存在天和地之間，生活在人與人之間，如何做人處世的問題；這天人關係，人際關係，人物關係的出發點，仍然是「人」的課題，雖然在文化發展史中，有宗教性的神本主義，有俗世性的唯物主義；但是，神本和唯物，仍然是人的神本，人的唯物。受儒家思想影響的文學作品，其中心思想絕離不開「人與人」的人際關係，而這關係的落實，本身也就是憂患意識的呈現，是憂國憂民的文化體認和實踐。同樣，受道家思想影響的文學作品，也就把思想重心放在「人與物」的關係上，放在「人與自然」合一的境界上，其思想的落實，也自然而然地就會樂天知命，安身立命，而對於塵世間的功名利祿，會有超然的態度。至於受到佛學影響的文學，那就更關心人的自我超脫，不但把七情六慾都去掉，到最後還要把主體我作爲差別相來處理，而使之消融到宇宙整體中，成爲宇宙全體超度的最終歸宿，那就是眞如世界的實現。

文學中的「人」雖然在現實上，有許多受苦受難的事實，人的命運有時亦相當悲慘，但是，人性卻總是頂天立地的，人也是萬物之靈，而且，人性在諸多苦痛的磨練中，總有覺醒的一天，總有找到自身價値以及認同價値的時刻。文學會把人性的正面和負面，同時呈現在讀者的眼前，讓人們自己去選擇自己所要走的一條路。

第五節　道　德

人中心的文學，人中心的文化，到最後還是回到人本身的超越，亦即是人發展人格；從人性發展到人格，也就是道德的實踐。國父　孫中山先生的進化學說，除了前面的物質進化，物種進化之外，就是人類進化。人類進化靠「互助」的美德，從人性開始出發，「減少獸性，增多人性」是前半段，後半段是「消滅獸性，發生神性」，這樣，「從人到神」的人類進化，才是對人的眞正認知，人生的目的，也就在於自己，以及引導別人，從人性發展到神性。

這是人性道德的問題。

文學在「文以載道」的原義中，能够引領人性走向神性，這條「道」路也就是文化功能的最高峯，文學能發揮這種功能，也就到了最高文化境界。

因此，文學無論以「情」的激發，或是以「理」的說服，在文化的角度看，都是要讀者能够參與「獨善其身」的「修」，而超度自己成爲一個「君子」，而且，更進一步，認同「兼善天下」的參與政治和社會的公共事業，而使自己在人與人之間的人際關係中，成爲一個「聖人」。在「君子」和「聖人」雙重的進德修業中，而達到「仁」者的地步，而邁向「天人合一」的境界。

如此，文化的完成，是由文學的傳遞和激發，「文以載道」的目的，也就完滿地達到。個人的幸福，全世界人類的和平和幸福，在文學的陶冶中，都應該能夠找到基礎。

第三章　當代意義

文學在歷史的演變中，擔負了「文以載道」的重要角色，在內在涵義中，更發揚了「道」的精義；因而，順理成章地，也就導引出以及結論出它的當代意義。

在文學的當代意義中，問題仍然是：文學是否仍是傳遞文化，保存文化，發揚文化的媒介？答案是肯定的！

但是，亦無可諱言，文學自從十九世紀以來，亦曾給予人類一些負面的成果，就如借用文字的傳播，在哲學的基本思想中，替唯物論、實證主義、實用主義、進化論、功利主義、共產主義作宣傳，而漸漸地腐蝕人類心靈的底層；在社會羣體生活中，亦有一些用文學作品爲媒介，替個人主義、自由主義、虛無主義、悲觀主義鋪了路，而使社會中原是以仁愛和互助爲原則的，變成了「弱肉強食」的異端邪說。

在中國近百年來的文學發展史中，就曾經饑不擇食地，胡亂接受了西洋一些十九世紀的末流思想，以唯物的、共產的、反傳統的思想模式，灌輸給下一代；就如五四期間的新青年等雜誌，嚴復所翻譯的赫胥黎的天演論等，都在導引着一股沒落的潮流，阻碍着由國父　孫中山先生所領導的國民革命的眞正精神。及至三十年代的許多文藝作品，更是盲目地在摧殘傳統文化，而不經心地讓個人主義、自由主義、放任主義滲透到文化界，而給予第三國際足够顚覆政府的危機，而終使大陸神州陸沉，而中華文化祇好漂流到海外和離島。

但是，正因爲「水能載舟，亦能覆舟」的原理，分歧思想既然用文學作幌子，而誣衊了文化，文人在這方面自當承傳過去士大夫的優良傳統，在文化危機時，敢於挺身而出，指點迷津，提出化解之道；同樣用「文以載道」的正途，在文化危機時，提出保存文化，發揚文化的良方，而以文學的「情」的表出，去涵蓋「理」，去復興文化，去破除邪說。

當今，中華文化和世界文化遭遇到的危機，莫過於共產主義；中國人民和世界人類所面臨的最大挑戰，亦莫過唯物論的邪說，而眞正能解決共產主義的問題與方法的，還是國父 孫中山先生所創設，先總統 蔣公所承傳的三民主義。因而，在仇恨與仁愛的對立中，在鬪爭與互助學說的對立中，文人就有天賦的責任，要抑惡揚善，要宣示仁愛與互助，要發揚仁愛和互助的三民主義精神，建立三民主義的文化，而用筆桿反對仇恨和鬪爭，反對提倡仇恨和鬪爭的共產主義，破共產主義的文化。

在自由世界的文人，因此也就不應各自爲政，單獨作戰，而是要聯合全世界的愛好和平，愛好仁愛和互助的文化界人士，利用所有文字傳播的可能性，來發揮「文以載道」的功能，而導人類以幸福快樂，進世界以大同。

目前，大眾傳播工具發達，雜誌報章、廣播電視，固然當有一部分作爲消遣之用，以化除當代人在工商業社會中奔波的辛勞，但是，卻千萬不能忽略，承傳優良文化，開創未來文化，吸取外來好的文化的功能；顯然的，這種承傳道統、西洋精華、自己創見，也正是三民主義的眞精神。

我們當代所需要的，由於面對着共產唯物邪說，就是要發揚三民主義文學，以三民主義的倫理、民主、科學的內涵，來充實社會，以「天下爲公、世界大同」的理想，作爲歷史發展的目標，而在破仇恨和鬪爭，立仁愛和互助的人生觀。

我們深信，人性雖有時會迷失，會誤信異端邪說，但是，由於人性本身的善良，終有一天會覺醒，會意識到是非善惡的最終標準，而毅然決然地唾棄共產唯物，而投向三民主義的懷抱。

文學對「人性」的描繪，對各種生活環境的敍述，到目前很有「虛無主義」與「相對主義」的趨勢，尤其是某些大名鼎鼎的文學家，像海明威、川端康成，都是諾貝爾獎的得主；但是，在文化意識上，卻無法肯定自己的生命，更無法把自身的命運轉換成使命感，而走向自殺之途。這種情形當然影響着當代年輕一代，對「人性」，對人生使命的迷惘；以這種「自我中心」，不滿意自己的生活就自殺的行爲，絕對無法改善世界，尤其無法以之對抗共產主義、唯物主義的毒素。

要對抗共產唯物，要改造世界，要改善人類的命運，唯一的方法就是肯定生命的價值，認同文化的使命感，不悲觀、不逃避，挑起「文以載道」的擔子，走向「太平世」的最終目標。

當代文學的使命，也就在於如何消除自由世界文壇的這項「虛無」和「自由」的悲觀成份，而灌輸一種「使命感」的積極因素。

無可諱言的，近年來各方面都在積極地發展反共文學、愛國文學；有的儘量揭發共產黨的黑暗面與醜惡面，有的則在以「報仇雪恥」爲主題，寫出了內心對共產黨的「仇」和「恨」。但是，這些個人體驗的描述固然重要，總不是能獲得廣大讀者的認同最好的方法；要把握讀者的心靈，還是應從善良的人性開始，首在建立「人性向善」的本性，發揚互助和仁愛的基本精神，以光明的出現、黑暗自然消退的信念，作爲文學創造、文學追求「美」的註解。本來，與其咀咒黑暗，何不點亮蠟燭？黑暗本來並不可怕，可怕的，是握有蠟燭的人，而不知道去點亮它。

從哲學思想看民生史觀

近兩百年的哲學思潮，已漸漸走向文化哲學的探討；這種文化哲學的探討，原由西洋前一百年的「歷史哲學」研究，以及本世紀的「社會哲學」研究所組成。但在中國的特殊環境中，由於西潮的衝擊，則早有「比較文化」問題的產生與發展。

文化問題涵蓋了文明社會，其整體的哲學探討也就是人類生存歷史的全稱。人類生存在天和地之間，所遭遇到的生活必需，在基本上看還是「民生問題」；對「民生問題」的哲學探討，而又在歷史哲學的範圍內，去探討人性在歷史發展中，所經歷到的，所創新，所寄望，包括所有狀況的發展原則和現實，就成了「民生史觀」的課題，哲學的民生史觀，因而也就是探討整個「人」的問題，包括了「人民的生活」、「社會的生存」、「國民的生計」、「羣眾的生命」。

這種「人」的生活、生存、生計、生命，都發生在文化的、文明的歷史之中；歷史的變化，以及我們對這種客觀的歷史變化所懷有的主觀的看法，就構成了我們生活態度的基礎。而生活態度的確立，則有賴於哲學思想的奠基。哲學的宇宙整體的看法，形成了人生在世界上的大環境；人生在宇宙中，也就必須遵循這宇宙的大經大法，才能生活得心安理得；也就是說，人生要合乎「天理」，而在小環境中，在人際關係的交往中，各種「禮法」的定立，也是做人處世的規範和準繩。「理」與「禮」在政治社會中就是自然法和人爲法的最根本基礎。但是，「禮」是順天應人的，它不能違乎「理」。

於是，在哲學思考中的民生問題，並不是具體地直接去替百姓解決衣、食、住、行的問題；而是去爲百姓關心生存問題的背後，提供關心的最終理由。

這最終理由，就是宇宙問題的把握，是「理」的理解，然後把「人」安置在宇宙中，以瞭解人性、人的行爲、人的各種理知活動；亦就是說，用「理」來衡量「禮」的種種。

「天理」的把握，以及「人禮」的遵守，於是成了人生根本問題的重心；也就在這原則下，我們可以理解出「順天應人」才是做人的最終依據。

「天理」在這種意義下，究竟是什麼呢？那就必須站在生命體驗上，去看整體生命的意義；然後，在生命意義的發揮處，去突破自身的極限，走向宇宙生成變化的最終原理原則。

西洋從十九世紀以來，也恰好是文化哲學開始作爲學術研究對象以來，就認定出「進化」的原理：從各種現象的透視，終於覺察到在宇宙大化流行的原則中，一切都在變幻，一切都在生成變化，而且，都在發展和進步。「人是猿猴變的」也就成爲當時的熱門課題。「人」的來源近因，也就在當時生物學的硏究下，獲得了這樣的結論；因此，「進化」學說的系統化，就成了物種進化的藍圖。由物到獸，由獸到人的進化路線，也就成爲學術界所接受的假設。「人」在宇宙中的地位，也就由這種「天理」所決定。

但是，人的整體問題，不單在於它的起源，人類的起源問題並沒有解決人生的整體問題，相反，人生問題卻因了人類起源才開始，一個人從生到死的期間，歲月雖短，卻充滿了人性自我意識的種種。而且，除了從生到死的生命時期之外，且要問及「生之前」和「死之後」的課題。固然，物種進化在生理上解釋了人性「生從何來」的問題，指出其前生前世的階段，但卻無法解答哲學上的「爲什麼」的問題。生物學可以如此這般地解釋，人是如何從猿猴進化而來，但是卻無法回答，猿猴爲什麼會進化成人的問題。同樣，社會學可以硏究人生的現象，而給予社會原理以及社會問題許多合理的解釋，但是，畢竟也無法給予人際關係道德標準的最終理由。唯有哲學的「爲什麼」問題的解釋，才是人生的今生今世所問的「應作何事」的標準。

何況人生還有死亡，而在人死了之後，「死歸何處」的課題，就已超越了所有科學的假設，超越了所有哲學的推論，而進入到宗教的情操中。而且，也就在宗教情操中，人的理知可以暫作休息，而讓情感去分受神聖的生命。這也就是在國父　孫中山先生的學理以及生命實踐中，把人性發揮到極致處，也就是「人類進化」的最終理想，由人到神的理想。

於是，在國父 孫中山先生的進化理論中，人性並不是靜止不動的，它還在進化，需從人性進化到神性。西洋十九世紀的物種進化理論：從物到獸、從獸到人的進程，於是被 孫中山先生的人類進化所補足；而其補足的實踐又在他的宗教信仰生活中。

「民生史觀」之所以成爲哲學思想，而且足以成爲一種當代的、以及未來的哲學流派，就是因爲它能站在「人性」整體的立場，問及「人生」整體的意義；這種「用一切去衡量一切」的方法，原就是哲學的基本立場。在這種「全稱」的問題中，所要求的回答是：「人」爲什麼生活？爲什麼生存？有那些生計？又其生命有什麼意義？

在宇宙的「理」的探討下，奠定着人類「禮」的進程，這也就是以宇宙論爲基礎，以人生觀做出發，去探討人民的生活、社會的生存、國民的生計、羣衆的生命的最終理由。

因此，本文的結構就釐訂在下列各點：

在範圍上，指出哲學對人類生存、生計、生活、生命的關心。

在時間上，探討人類現世生活，但其極限卻不被界定在時空的束縛中，而特別注重人類的精神生活。

在空間上，民生史觀必須涵蓋整體的人類；人種不分中、西，膚色不分黑、白，對中國、對西洋，都用「天下爲公」「世界大同」的理想爲其最高境界。

在進程上，先站在人類問題之外，以客觀的方式，看清人性在「民生」事情上的「歷史發展」過程；然後進入問題的核心，去探討這些生存、生計、生活、生命的「內在涵義」；在看清問題的發展史，以及把握住其本質涵義之後，又再走出主觀的體會，而再度站在客觀的立場，去評價民生史觀的「當代意義」；在當代意義中，指出在哲學的先知先覺的預言中，看清民生史觀在未來世界的發展，究竟會扮演什麼角色，它對人類、對世界，將會有什麼樣的貢獻，以及人類在受苦受難中自覺之後，所需要的是怎麼樣的學說理論，來推論具體的、實際的生活。

我們這就進入主題的探討：

第一部份　民生史觀的歷史發展

人類生存在天和地之間，生存在人與人之間，它的存在特性首先就是「在世存有」，這是自然人的表現，是要探討人生在世上，如何能活下去；而且，如何活得更快樂、更幸福，而且邁向最快樂、最幸福的境況。自然人雖身在自然之中，但卻由於自身的智慧，利用自身天生的手和腦，把自然世界改造成人文世界。人類在人文世界中生存，創造着文化，創造着文明。

人類存在的第二特性就是「共同存有」，它指的是：人生不是孤獨的，有別人關心他，他也關心別人；如此，人文社會中就產生了各種「禮」，用以處理人際關係，用以發展人性社會的結構。

也就在這種「在世存有」與「共同存有」中，先知先覺之士總會透過自身對人性尊嚴和價值的體認，而把握住時空的大環境和小環境，而設法替人類解決各種問題。無論是具體的、肉體需要的衣、食、住、行四大問題；或者是抽象的、精神的各種必需和娛樂。

先民也許就是在與環境搏鬪中，處處感到自身的極限，而以自身的本能無法與禽獸競爭，陷於被天然淘汰的危機時，先知先覺之士於是乎出來，利用智慧，教導凡人創造人文世界，而開始馴服禽獸，以及征服環境；以「人定勝天」的信念，發明各種工具：狩獵、務農、熟食、建居室、造舟車，甚至嚐百草而治百病，顯然的，在上古時代的人類，都由於這些先知聖人的臨在，而奠定了自身「在世存有」的基礎。

這也就是古聖先賢所特有的「憂患意識」，在爲大眾的生活問題所作的努力；這些努力的目標，也就在於「人民的生活、社會的生存、國民的生計、羣眾的生命」。先知聖人所關心的，就是當時百姓的民生問題。

及至「共同存有」的原理被發現後，原本「人與自然」的討論，就一躍而成爲「人與人」之間的禮的問題。若說「人與自然」的關係，使人類發展了自然科學；則「人與人」之間的關係，就締造了倫理學以及道德哲學。

也就在人性一直朝向發展和進步時，藝術、宗教都應運而生。人性要在這個世界上，建立起眞、善、美、聖的理想國度。使人們生活於其中，能獲得精神和肉體的各種需要；並使這些需要升級，而追求「止於至善」的境界。理想國能引領人民和羣眾，能引導國家和社會，都能「止於至善」，則是民生哲學的最終目的。

民生問題的確是國家社會問題的根本，同時又是憂患意識之士所最關心的課題。

第一章　中國民生史的發展

以農立國的中華民族，其先民的憂患意識見諸於書經，古聖先賢的政治社會努力，都在於貢獻自己的心力，爲百姓的生活操心；大者如大環境中的「風調雨順」「國泰民安」的祈福，小者如發明熟食、醫藥、房子（伏羲、神農、有巢等的設定）等等的民生必需。這種「爲百姓」的政治社會，終於締造出先民自由歌中「日出而作，日入而息，鑿井而飮，耕田而食」的昇平氣象。

農耕社會中的百姓是幸福的，衣食住行育樂都在自食其力的簡樸生活中，得到滿足。及至一些野心家的出現，權力的競爭造成了春秋戰國的局面，兵禍連年，民不聊生。這種人爲的因素，擾亂了周朝的太平時代；在亂世中的先知聖人，爲了救世界、救人類，而設計出哲學的偉大體系，指出人性在宇宙中的存在根本，在天「理」中歸納出「禮」的典範；因而在民生的物質生活必需之上，建立了精神生活的各種範疇。

在諸子百家的設計中，無論是道家所關心的「人與自然」的和諧，或者是儒家所重視的「人與人」的仁愛，都在指向「天下爲公」以及「世界大同」的理想；其「物我合一」，以及「天人合一」的構想，落實到現實社會中時，就成爲「老有所終，壯有所用，幼有所長，矜寡孤獨廢疾者皆有所養」的社會，在理想的社會中，民生問題是獲得最好的解決的。

秦漢之後，固然在哲學思想造詣上，有許多瑕疵，但是，董仲舒所設計的「尊崇儒術」，卻也帶來了社會昇平，百姓安居樂業的氣象。及至畫符煉丹，算命看風水的迷信，擾亂了百姓的「修身」工夫之後，還是由印度傳來的佛學，在精神生活上，從道德文化的修煉，提升到宗教文化的「修心養性」境界。佛家淡泊的人生觀，頗取得道家原義的贊同，而在民生的態度上，根本減少了你爭我奪的競爭習性。

佛學在中土文化上千年的陶冶，由出世的思想，進入到入世的情懷，佛儒道的思想綜合，終於滙成了中國文化的主流，造成了中國人的傳統性格——禮讓文化。

及至宋明諸子提倡理學，研習原始儒家學說的精粹，而奠定了對易經宇宙論研究的指針，終究又把宇宙整體放入人類心靈之中，用人心精神的光輝，來照耀物質的無情世界。於是，人性與物性的關係，以及人生在宇宙中的意義，都奠定在精神生活之中；以精神生活的心態，來超度物質生活的種種。

明末清初，西洋傳教士一手拿着聖經，一手捧着天文儀器，東來中土，開拓了中西文化交流的第一回合，不幸的是，這種融洽被誤會所中斷。

閉關自守之後的中西發展，各走各的路，滿清的庸弱，西洋的武霸，終於演成了中西軍事接觸的悲劇；而在多次的城下之盟痛苦體驗中，有些士大夫開始了對自身文化的懷疑，而對西洋發生了興趣；甚至，以爲「西化」才是中國自救的唯一出路。

民族生存的問題，國家存亡的問題，因而也就成了中國一百多年來關懷的核心課題。各種改革的設計，各項文化的探討，甚至，革命的行動，都在指出：如何適應世界的潮流，而使中國能立足於世界舞臺中。

在各種理論的、實踐的設計中，最完美的，莫如國父 孫中山先生的設計：先從大環境中，確立國家民族的生存，進而關心國民衣食住行育樂的必需，乃至於用各種建設，提高國民之生活水準，終於落實到世界主義的「世界大同」的設計；一方面承傳了中國道統，他方面又開創了民族機運，其三民主義的一切設計，都在於民生問題，而民生問題的解決方案，則又在於其形上思想中的「民生史觀」的看法；在民生史觀的宇宙變化原則中，安置了人性，並理解了人性在宇宙中的地位，其價值、其任務，都在於「增進人類全體之生活」以及「創造宇宙繼起的生命」。

在西洋以「競爭」爲中心的文化中，十九世紀興起的物種進化學說，也由 孫中山先生用「中國傳統」的「仁愛」概念所修正、所補足。照達爾文、赫胥黎等人的意見，以爲人類進化是由物到獸，由獸到人的順序，而其間的過程，卻是利用「物競天擇」，「弱肉強食」的「競爭」；這種「競爭」思想，到了馬克斯手裏，就演變爲人類的生存，亦應由「鬪爭」來貫穿，由仇恨來支持。國父　孫中山先生，固然承認由物到獸，由獸到人的進化階段，可以用「競爭」來解釋，但是，總覺得「既成人形」之後，就應該以仁愛來取代仇恨，以互助來取代競爭；而且，進化是在不斷地進行的，在「既成人形」之後，就要設法減少獸性，而增多神性，乃至於變成神性。也就唯有神性的達成，才保障着世界大同的理想，走向實踐之途。

國父民生史觀的哲學理想，雖早爲我國人所追求，但因外有日本的侵略，內有共匪的叛亂，終究沒有在大陸上實踐；反而經由共匪第三國際的蓄意破壞，使大陸神州變色，而使百姓三十年來，不但由於鬪爭清算，過着精神痛苦的生活，就連基本的物質需要，也付諸闕如；終日辛苦，不得溫飽。

相反地，臺澎金馬反攻基地，卻由於中華民國政府領導下，日日進步，不但在物質生活上，創造了本世紀之經濟大奇蹟，百姓豐衣足食；而且在精神生活上，亦漸漸邁上康樂之境。這些進步和發展，都是遵照三民主義的根本原理，所導引出來的結果。

單就站在比較人民生活水準的立場看，三民主義的民生史觀，就要遠比共產主義的唯物史觀爲優越。

第二章　西洋民生史的發展

西洋文化淵源的根本型態，與中國以農立國的文化，大異其趣；若說農業文化的心態，對自然的理想是「風調雨順」，對人生的看法是「國泰民安」的話，則西洋商業、漁業文化的設計，就一方面要與天爭，另一方面要與人爭。地中海沿岸發源的文化體系，早已以競爭爲主，尤其希臘盟主中的奧林匹克，更是此種文化發展的結果。

由奧林匹克精神發展出來的政治社會，就形成了對內奴隸制度，對外殖民政策。西方早期的霸主，利用了奴隸與殖民相輔相成的原理，發展了霸道文化；權力的追求，以及榮譽的嚮往，構成了城邦政治體系；在這種政治體系中，首要所關心的，並不是百姓的生活，而是統治者的野心。相對於中國早期的憂患意識，西洋早期的思想就未免成爲貴君賤民的趨向。

希臘諸子的出現，也就因爲想在「人性」的根本探討上，把人生安排在宇宙當中，指陳出人性的尊嚴和價值，以治本的方法，醫治奴隸和殖民的偏差，無論是柏拉圖的理想國，或是亞里士多德的倫理學，在在都顯示出人性的光輝，間接指出了奴隸和殖民的不合「天理」以及不合「人情」。可是，先知原就是不被本鄉所歡迎的。希臘並沒有接受幾位大哲的政治社會提案；及至後來的羅馬，在成爲盟主的中心之後，更以煉金的技術，助長了人們對此榮譽的追求。

羅馬時代的先知先覺之士，總是發覺到文化在「知物」方面，下了太大的功力，而多少忽略了人際關係的仁愛思想；因而，無論司多噶學派，或是伊彼古羅斯學派，都在「知人」這方面下工夫，而且都希望從「修身」的根本上，挽救政治社會的危機。

可是，正如中國先秦諸子的道德觀，無法挽救當時的國際爭奪的實情，羅馬的倫理學，也無法醫治洋人的競爭心性。

也就在西洋文化本身走向末路時，希伯來信仰的輸入，始賦予西洋一線希望。希伯來的宗教信仰，給西方文化帶來了前所未有的兩種看法：其一是人與人之間是平等的，而其平等的根基則落實到：人的靈魂是上帝的肖像，人人因此都由神性而來；還有，工作六天，休息一天的作息原理，更是奴隸們的福音。

果然，在基督宗教受了三百年的仇教運動之後，終於有了宗教自由；政教的合一，使西洋以「競爭」爲本的文化體系，受到了基督「博愛」精神的感化，終於締造了一千多年的和平時期。教會中各種修會的成立，會士們精神修養中的絕財、絕色、絕意，以及其落實到社會中的農業、釀酒業、乳品的發展，都在關心着平民的生活。

中世的人，雖然由於宗教信仰，常進入形而上之外，把自身的存在委身於未來之天國；但是，其落實到政治社會，使百姓過着「風調雨順」「國泰民安」的生活，則是不可抹殺的事實。

及至，一方面人性厭煩於制度宗教教規的約束，另方面則是教會本身的分裂，導引出復古運動的文藝復興與啟蒙運動。復興和運動的原意，都是希望跳越過外來的希伯來信仰，而回復到西洋原始的希臘精神。但是，運動的結果，卻是削減了「博愛」，而增加了「競爭」，而恰好在此時的工業成長，又促進了商業文化的競爭心態。

文藝復興與啟蒙運動，往好一面去看，是「個人」在羣體中的覺醒；但是在壞處着想，則是把西洋又導入對內奴隸，對外殖民的野心。理知的解脫教義的束縛，但又在「競爭」中作繭自縛。

理性主義的哲學體系，或者經驗主義的想法，都無法在人生的根本問題上，找到適當的出路；甚至，集合二派之長，又能在西方導引出觀念論的康德的道德哲學，都無法遏止洋人侵略有色人種的野心。

工業的發展，固然可使百姓生活水準提高，但是，財產的集中，無可避免地演變成資本主義的社會；在這種社會中，產生了經濟地位的不平等，而導致社會的不公。道德哲學的問世，並無法消去這種趨勢。

這種競爭的人際關係，成了社會政治眞實的一面；而西方當時盛行的哲學思想，是德國觀念論，尤其是絕對觀念論者黑格爾，用「至善」的絕對理念，如天羅地網般，籠罩了宇宙和人生；於是，理想和現實脫了節，才引發了黑格爾左黨的興起，是爲唯物論與共產主義的設計。

伴隨着德國的唯物論，又有法國的實證論，英國的功利論，美國的實用主義，都成爲西洋十九世紀的主流。

在這些唯物、實用、實證、功利的思想影響下，加上進化思想的問世，就形成「競爭」的人生觀，對仁愛、互助等高尚的人性行爲，不是避而不談，就是加以侮蔑。

西洋的民生問題，到了十九世紀，幾流於「弱肉強食」，「物競天擇」，「適者生存，不適者滅亡」的心態。尤其白種人在美洲的販賣黑奴，以及侵略有色人種的土地，更形成奧林匹克精神的復醒。

但是，眞正破壞人際關係的「仁愛」天性，而促使人類相互鬪爭的，還是唯物論落實到政治社會的共產主義學說；這學說本來起源於西方病態社會中；但是，西方資本主義社會本身的覺醒，漸漸走向福利國家時，就減少了勞資雙方的衝突，而緩和了競爭的針鋒相對，終於對共產主義有了防疫的作用。不幸的是，在沒有資本主義病態的蘇俄和中國，都染上了共產的遺毒，而使百姓不但失去了精神生活的自由，而且更喪失了許多生活必需的權利。

近年來，蘇俄逃亡到海外的作家，以及大陸冒死逃出鐵幕的同胞，都在訴說着共產社會的人性，遭受到折磨和侮辱，而且最根本的生活需要，也被無情地剝奪。

西方福利社會的誕生，一方面設法消除資本主義產生的流弊，他方面消極地抵制共產思想的入侵，在同時，哲學的覺醒，確也給西方帶來許多鼓舞。德國的現象學，從心性的根本澄清了唯物論的偏差；法國的生命哲學，從對生物的體認，指出實證論的根本錯誤；甚至，英美語系中，也出現了杜威、懷得海等人，重新提出形而上的精神價值。

西洋二十世紀人性的肯定，不但在事實上引領着百姓走向宗教情操的懷抱，而且在理論上，成爲各種侮蔑人性學說中的中流砥柱。福利制度的實行，配合法治的精神，使西方的民生問題，獲得非常好的解答；至少，在經濟發展的原則上，不是沒有貧窮（像意大利、西班牙），而是在資本的型態上，已漸漸脫離資本主義，而對一般大眾的生活關心。

第二部份　民生史觀的內在涵義

「史觀」的研究，一方面表現在主觀對宇宙和人生的看法，另一方面，這種看法又要在客觀的宇宙的「理」和人生的「禮」上，找到確切的歷史史實。西洋學術的研究，早在十九世紀初期，已開始對「歷史哲學」有了濃厚的興趣；以爲歷史有一定的軌跡可循，而且，歷史在不斷的發展進程中，總也會指向一個特定的目的；目的觀的歷史看法，早在中世初期的奧古斯丁，已奠定了良好的基礎；其所著「上帝之城」，雖然部份運用了當時摩尼教的善惡二元之爭，但是，歷史朝向的目標，總是發展和進步的，而且都依照造物者的預知和引導，終於會「止於至善」。西洋十九世紀的歷史哲學，前半期由黑格爾集大成，以辯證的方式，訴說了至善在宇宙生成變化中的地位，復次又指出人間世的一切人事，亦由此正、反、合的思路所涵蓋。人生在宇宙之中，理知的生活實爲首要任務。當然，這種樂觀的史觀，並沒有落實到現實的、競爭的、工商業蓬勃發展的社會中，由於黑格爾文化的設計所採取的史觀是唯心論的，富於宗教情操的，因而，十九世紀後半期興起與發展的各種唯物、實證、實用、功利，也就反對唯心，反對宗教情操。

而中西眞正的交往，是在十九世紀後半期，也就是說，「史觀」的中西接觸，也就以十九世紀開始，而在二十世紀前半期進入高潮。

在史的發展中，我們看得出，中國的政治社會史，所着重的史觀，都是以「民爲本」的，都富於憂患意識的領袖人物才爲文化所接受，因而也爲歷史所稱譽。中國歷史中，從不讚揚那些窮兵黷武的帝王；反過來，卻不斷稱道那些勤政愛民的領袖。中國對歷史的寫法和西洋史根本不同的地方，也就在於中國史本身崇尚和平，主張仁愛，這就是中國的「史觀」；而西洋史的寫法則總是讚頌那些好戰而凱旋的領袖，如亞歷山大大帝、凱撒大帝、拿破崙大帝等；「大帝」的稱號，十足地表現出西洋「史觀」的心態。

究竟宇宙和人生的眞象是「競爭」？是「互助」？是「仁愛」？是「仇恨」？在沒有這種形而上的原理原則定立之前，政治社會的制度就無從建立起來。

中西方「史觀」的接觸、交流、甚至融通，也就會顯出優劣，同時或許可補雙方的不足。中、西接觸的方式，多是在城下之盟中，給國人留下最深刻的印象，因而在情緒上顯示出三種完全相反的論調；保存國粹與完全西化，以及居間的部份西化。當然，當時的三派都屬無可厚非，都是由同一的愛國家、愛民族的熱情爲出發點。但是，問題就在於對西方文化的認識。崇洋派的主張全盤西化，以爲西洋的一切都比中國好，因而要推翻中國的所有傳統；保守人士則以爲洋人不是什麼好東西，一切以保存國粹爲重。這種主觀的認知態度，不是阻塞了中西文化交流，就是使中國盲目地在向西洋學習。後者的結果，就是引進了西洋十九世紀的思想：赫胥黎的天演論，達爾文的物種原始，甚至馬克斯的著作，都源源地譯成中文，供給國人作爲精神食糧。於是，跟隨着「物競天擇」，「適者生存，不適者滅亡」，「弱肉強食」的原則，使一向以「禮讓」爲本的人生觀，改變成爲具體可用來對付列強侵略的「競爭」。進化論的風行，也就增強了國人對傳統文化的忽視，而轉向西洋的歷史觀。

「人」在宇宙中的地位，被界定在進化過程中，經由「弱肉強食」的原理演化而成。猿猴是人類的祖先，於是在感情的發洩上，大可以反對由不平等條約訂定的洋教的信仰；以爲人類既然由猿猴進化而來，當不是由上帝所創造；甚至，整個宇宙都是進化而來的，於是，上帝創造天地的記載就成了神話。中國當代文化運動中，繼民國八年的五四的「打倒孔家店」，就是民國十一年的「非基督同盟」；一個是反傳統倫理，一個是反外來宗教。

清末民初的中國思想大勢，也都在這種洋化的心態中，對人性給予另一種評估。

可是，我們亦不能忘記，也就在許許多多的士大夫由於認識不清，高喊打倒孔家店的民國八年，國父　孫中山先生出版了他的文言本「三民主義」，然後又在民國十三年，開始在廣州作了十六次的三民主義演講。國父的三民主義究竟是什麼？我們可從其口中，獲得完滿的答覆；那就是承傳中國道統，採取西洋精華，加上他自己的創見。

國父非但沒有跟着時人去喊打倒孔家店，也沒有隨着大眾去崇洋；但是，他卻眞正認清中、西文化中，精髓的部份，而綜合了西洋的「競爭」以及中國的「禮讓」，創立了復國建國的政治理論。我們讀他的三民主義，每章每節都充滿着『爭』的口氣，這是西洋的進取心所使然；但是，在「爭」到之後，都不是走西洋奴隸、殖民的路子，而是漢族起來革命，推翻滿淸；在取得政權之後，絕不奴役其他民族，而是要五族共和，要與各民族一律平等；從中華民族，一直擴展到全世界各民族。

這種能夠用西洋的「競爭」爲方法，而以中國傳統的「禮讓」爲目的的設計，也就是國父思想獨到之處；也就是說，當時中國在列強虎視之下，再也不適宜用禮讓的方式，而是要據理力爭；可是，由西洋的競爭，又可能締造出奴隸和殖民，故而把爭的目標修改，使成爲「世界大同」的終極構想。

可是，在哲學上，如何能以形而上的原理原則，來支持這種由競爭卻不去奴役，而反而走向禮讓的境界？

國父　孫中山先生是位兼通中西學術的人，他在醫學的研究上，能透澈當時生物學所主張的進化論，因而，他也相信「物種進化」的學說，那就是由物到獸，由獸到人的進程。而在這進程之中，一切都是「弱肉強食」的，一切都在「物競天擇」中等待其命運的來臨；換句話說，萬物都在競爭中「優勝劣敗」；也就在這種「優勝劣敗」的信念中，西洋從希臘奧林匹克精神遺傳下來的奴隸制度，以及殖民政策，在十九世紀仍可藉進化論的原理，重施故技。除非在這種宇宙進化之「理」中，能夠提出「人」是例外的證據，或者，根本上「物種進化」後期，應該有所改變，否則，進化論只有爲人類帶來互相殘殺的厄運。

國父 孫中山先生的創見就見諸於這種重要關鍵上：他在「進化」的原理中，在「物種進化」之後，加上了「人類進化」的階段，而指出「物種進化」的過程，是由「物競天擇」的原則支配的；也就是說：禽獸相互之間的生存原理可以是「爭」，可以是「弱肉強食」；甚至從獸到人的進化，也可以由「爭」來決定。但是，「既成人形」之後，人性的生活就不應該停留在獸性的競爭原則上，人與人之間的人際關係是以仁愛互助爲基礎的。

在國父 孫中山先生的進化學說中，人性不是進化的終點，進化的終極是神性。於是，進化論成了：由物到獸，由獸到人，由人到神的進程。因爲由人性還要進化到神性，這就非由倫理、道德、藝術、宗教的陶冶不可，無論如何都不能再像禽獸一般，互相競爭，互相殘殺了。

這末一來，利用「爭」爲方法，爲手段，原爲宇宙進化之「理」，但是人「禮」的眞象，卻是指向「仁愛」、「互助」，超乎了「爭」的手段。因此，人性的政治社會，儘管去開創時是競爭的，可是結局卻不應該是奴隸和殖民，而是天下爲公、世界大同。

在另一方面看來，國父的三民主義，其爭的情況也値得注意，其革命的動機更應該首先提出：那是對滿清的少數統治大多數，以皇帝一人決定四萬萬人民的爭，提出「打抱不平」的意見；另外一點是：對列強的侵略，尤其各種不平等條約，提出反抗。這種「抱不平」以及「反抗」亦都是順天應人的革命事業，其方法必然是「爭」的。但是，這「爭」是爭平等、爭自由、爭回自身失掉的權利，與西洋奧林匹克精神的「爭」，去侵略別人、去奴役別人的「爭」，在本質上就不一樣，在動機上更不一樣。

因而，國父 孫中山先生學說的形而上意義，在根本上還是對「天理」的把握，然後在「人禮」上表現出行動；而這行動是順天應人的，是順乎天理、合乎人情的。

這是站在內在涵義之外，去窺探「孫文學說」的合理性；一旦內在涵義的內蘊被提出來，也就是說，民生問題的哲學基礎，原則上是民生史觀，而在解決「生存」問題時，人類求生存的意義所涵蓋的內容問題，才是本課題的核心。「求生存」的概念本身，是初步的，是競爭的，與從物到獸、從獸到人的進化過程，似乎有密切關聯的。如果「民生史觀」眞的就止於求生存，止於致力於吃飯穿衣問題，那仍然是停留在人類獸性部份所必需，仍然停留在競爭的階段。但是，國父的「減少獸性，增加神性」的原義，應當是超乎了競爭的手段，而邁向仁愛互助的方法。因而，「求生存」意義中的「生存」本身，應當涵蓋了人性生存的一切，包括物質的與精神的；而且，在人性進化過程中，逐漸邁向神性時，精神生活的份量就應越來越多，越來越重；換句話說，在民生史觀中的「求生存」，不止而且不應該停留在追求生活必需的各種條件，而且更應是在追求進步，追求生活娛樂，使民生過得更幸福、更快樂，而且向着最幸福、最快樂的目標前進。

在國父　孫中山先生的政治社會構想中，這種快樂而幸福的生活，是可以落實到塵世上來的，那也就是中國傳統的「太平世」的設計；在一個禮讓互助的社會景象中，沒有爭端，更沒有仇恨，一切都在昇平氣象中；百姓生活在這種國度裏，精神是完全滿足的。「太平世」中的生存問題，絕不是因爲經濟第一，或是非常富有；更不是擁有許多第一的榮銜，而是在人際關係中，展現出友愛和互助；完全是精神享受優位的想法。且看「大同世界」的描繪：「選賢與能，講信修睦」，「不獨親其親，不獨子其子，使老有所終，壯有所用，幼有所長，矜寡孤獨廢疾者，皆有所養，男有分，女有歸」，「貨惡其棄於地也，不必藏諸己；力惡其不出於身也，不必爲己」。這裏所描繪的，重點當不在於擁有多少財富，是否富庶，是否經濟發展；而在於如何用物，如何在「公」與「平」的原則下，使百姓自得其樂；這也是「不患寡而患不均」的原理。原來，物質生活是無止境的，世間的榮華富貴亦是求之不盡的；如果人心指向這些無止境的事物，則將是貪得無厭，而心靈永遠空虛，得不到滿足。因之，在大同世界的設計重心，基礎是以「精神的滿足」爲準繩；這也正是　國父思想中「減少獸性，增加神性」，「由人到神」的進化構想。

民生史觀的內涵，單在「求生存」的概念中，站在哲學的基礎上看，就已是整體人性的生存問題，其中固然必須有生活的各種需要，各種物質的基本條件；但是，人性所追求的幸福和快樂的人生，是奠基在精神的滿足中。而這種精神的滿足，在於人性的「共同存有」，在於人際關係中的相互關心以及仁愛行爲。

因此，論及民生史觀學說的來源，很清楚地是集合了西洋的進取的「競爭」方法，而以中國政治理想的「天下爲公」的「大同世界」作爲目的；因而，在綜合融通中西文化的工作上，國父　孫中山先生的確有其獨到之處。我們可以說，在這種貫通的工作中，中國文化爲「體」，西洋文化爲「用」；這種體用關係做到好處時，也就是救國救民的工作有了基礎；同時，也就在學習西洋，或是抵抗西洋的侵略上，有了有效的方法。

也就在這種融通中國禮讓與西洋競爭的二種不同的文化工作中，一種新的人生觀降生了，那就是認清人性獸性部份的惡習以及向惡的傾向；同時體認人性中精神部份的卓越以及向善的本性。因而，國父　孫中山先生的民生史觀，一方面既可解答當時文化論戰的問題，而替國民解決生命的意義課題；另一方面又可成爲放之四海而皆準的原理原則。

當然，這方法的運用，仍然有其必經的程序，就像傳統對政治社會看法的三階段：據亂世、昇平世、太平世的順序進行，在政治上從亂到治，民生史觀的進行方式，亦有其進行程序，那就是軍政、訓政、憲政的社會順序。這種用軍政來結束亂世的方式，表面上看，是用了西洋文化的爭，但基本上還是傳統中憂患意識的覺醒，像商湯討伐夏桀，是遵行天命，爲民除害，是代天行道的；是不用武力不足以奏效的。

當然，在以「仁愛」爲出發點，又以仁愛來結束的思想體系，軍政時期總要儘早結束，而且，非必要時是不會輕易用的。中國當時的情形，由於非用軍事革命，無法達到國泰民安的目的，於是有軍事的革命行動；而這行動亦是順天應人的。軍事的統一，武力的推翻滿清，競爭的與列強講求平等，最大的問題還不是行動本身，而是推動行動的動機：這革命動機的「教育」，不但在「破」除舊制度，而且在於建「立」新的制度。於是，國父　孫中山先生的軍政，其實是被訓政所環繞，鼓吹革命，需要教導國民建國復國的思想；革命成功之後，更需要全體國民同心合力，參加建設國家的工作行列。

於是，在「訓政」的整個設計中，就包含了民生史觀中最基礎的部份；也就是回答「為什麼」要革命，「為什麼」要救國最終理由的形而上問題。「為什麼」是哲學問題，而哲學問題的解答總是從知識論走向形上學，然後再從形上的高空下來，落實到具體政治社會的層面。

在知識論的探討中，民生史觀是落實的，它要在「知」的問題上，導引出「行」的效用來。有鑑於當時傳統對「知之匪艱，行之維艱」的誤解，使「知」與「行」脫了節，國父　孫中山先生即刻以最具體的明證，說出了「知難行易」的科學理論。這理論所指出的，是吾人對事物的原理原則的把握，的確不易，這種「知難」的見解，也就在哲學的最深奧處，指出了從知識論走向形上學的困難，指出要從現象的觀察，走向現象背後的原理原則的透視，不是件容易的事；這種說明了在革命事業中，先知先覺之士所負擔的使命，也就在於用「知」去貫穿宇宙萬物的原理原則，而在這種最重要、最根本、最困難的工作做了之後，就是帶動那些後知後覺的人士，以及那些不知不覺的一般人，去「力行」。因此，在建國的過程中，「知難」學說的眞義，在於能解釋出宇宙的根本原理，而把人生安置在宇宙原理之中，說明革命事業是「順天應人」的，而領導革命是代天行道的：因而發動百姓的合作，帶動全民去力行。因此，「知難」是爲了「力行」而設計的，「行易」是在鼓勵參加革命，推翻滿淸，建立民國。

從「知難行易」的學說，到「力行」思想的發揮，其中間的整個過程，就是哲學形而上的探討。宇宙體系的確立，也就在於透視了「人性」進化過程中，「人類進化」時期所當用的「互助」方法，以及「博愛」的基礎。因爲在進化演變中，人性不是峯頂，它還有繼續進化到神性，而從人到神的一條通路，則是由仁愛和互助所鋪設的：因此，「愛人」「敬天」，或是說「順天應人」，也就成了人生意義和價値的標準。

在「順天應人」的原則下，「順天」也就是承認對傳統「天命」意義的理解，尤其是先知先覺之士的「使命感」；由於他們天生來聰慧過人，看透了當時大環境、小環境對人性的種種壓迫，而人生在世的各種煩惱以及苦難，在在都激起他們的同情之心。這種憂患意識的覺醒，也就催生着救人救世的仁心仁術。人類在苦難中等待救援，人生在迷失中希望嚮導，也就使救人淑世的革命事業，成爲「應人」的行動。「順天應人」因而一方面是從知識對「天命」在自己身上的理解，另一方面則是以代天行道的心境，付諸行動。

這種「天」的思想，從憂患意識的自覺，一直穿透到事物的最終本質身上，因而在人生觀的階層上，是宗教情操的高度表現，而西方進取心的傳統所發展出來的基督「博愛」精神，正好補足了中國傳統上的「行難知易」學說的流弊，而大膽提出「用宗教來補政令之不足」的方案；因為，宗教的「天」概念，不但在哲學上是存在的終極，而且在人性的良知上，刻上了賞善罰惡的「報應」觀念；正如西方當代哲學所努力發展的，上帝不是認知的對象，而是崇拜的對象，也就因為宗教上的「天」概念，有良知上的束縛力，因而政令所達不到的良心問題，惟有靠宗教來支持，靠宗教來補不足。

因為宗教的「敬天」，總是要落實到「愛人」的具體層面來，而在非常時期的「愛人」表現，也就在於拯救別人於困難之中，當時中國的情形，的確急需拯救，因而指證在革命事業的「順天應人」理論，而導向「力行」的目的。

國父 孫中山先生的形而上探討，是貫徹上下的，是連繫了上天與下地的，是實行了敬天愛人的；其理論入門是「知難行易」的知識論；其理論的內涵是人性發展到神性過程中的「互助」和「仁愛」，而這種「互助」和「仁愛」的最終理由，還是人性本身的基礎，那就是「天」命在自己身上所表現出來的「憂患意識」；其理論落實到具體生活時，就是「力行」，就是去做「順天應人」的工作。

在這裏，整個哲學探討的思路，也就歸結到「人性」的透視以及把握上；人際關係的考察，從「齊家」的理念開始，一直到先知聖人的「治國」「平天下」的構想，都在指出人性不是孤獨的，它是合羣的，與別的同類有關係的。這也就是「共同存有」的特性，是指出人類生存在這個世界上，相互之間的關係是「同舟共濟」，而絕不是馬克斯所以爲的「互相鬪爭」，亦不是達爾文式的進化「弱肉強食」。

人是社會的存在，是政治的存在，而在社會政治中，個人一方面有其單獨存在的地位和尊嚴，另一方面則是羣體的一份子：因爲它有獨立的人格，因而需要「愼獨」和「修身」來陶冶它；因爲它是羣體的一份子，因而需要在人際關係中，扮演一種「共同存有」的角色。

在人際關係中，以「仁」和「義」爲基礎，去把握「利」，因而這「利」是利他的，是超越了利己的。在民生史觀的社會裏，充實自己也就等於充實全體，發展自己也就是發展他人，達到「己欲立而立人，己欲達而達人」的境界。因此，人民的生活、社會的生存、國民的生計、羣眾的生命，都是涉及到個人以及羣體，都應由生活必需，走向生活娛樂的境地。

三民主義的本質也就在於民生史觀的形上基礎；當這基礎開始孕育思想體系時，就演變成了「倫理」、「民主」、「科學」。先總統　蔣公所指出來的三民主義本質，也就是倫理、民主、科學。

當然，這三種東西又是承傳着中國道統的「正德」、「利用」、「厚生」思想。

倫理原就是中國文化的中心思想，也就是正德發出來的人際關係：從自身的修身開始，在在都設法說明「大學之道，在明明德」的原理；這「正德」的具體實踐，也就是天道的彰顯，其落實到具體生活上時，也就是古代政治中，王者之治的憂患意識，一定得在利用「利用」的方法，而使所有的百姓都解決民生問題，也就是「厚生」。

正德、利用、厚生，原就是政治社會原理進程中的次序，與修、齊、治、平的次序相輔相成；其始點都是以修身爲本，而其目標都是在爲全民着想的「太平世」。

因此，正德之於倫理，正是在王者之治國型態中，兼顧了人性自身以及人際關係二方面，其目的在於修己成人；是己欲立而立人，是己欲達而達人的廣濶心胸。

同樣，「利用」的政治型態就落實到民主社會的建立上；三民主義理想的第一步，也就是百姓自己當家，無論是「百姓有權，政府有能」的說法，或是各種建國措施，五權憲法都在說明「民主」的眞義。

當然，這一切措施都在爲了人民，民生哲學的目的，也就是民有、民治、民享的；一切都以百姓爲準；而百姓的基本需要，也就是「民以食爲天」的說法；王者之治中的政府，首要關心的就是「厚生」問題，也就是如何利用科學，利用對「物」的體認與運用，來改進人民的生活；三民主義的本質也就在於能够吸收外來科學文明，而設法在經濟生活上，提高人民的水準。

臺灣省近三十年來的措施，無一不是朝向倫理、民主、科學的，無一不是以民生史觀作爲思想基礎的；當然，在精神和物質兩方都要兼顧的情況下，精神建設總是較不容易見效，而物質建設則在經濟奇蹟中，表現出極其優越的成效；尤其農耕隊以及農技團的外派，眞正在扶持落後地區，步步走向「世界大同」的理想。反觀大陸的情形，就完全相反，既在人倫方面抹殺了人性的仁愛互助，又沒有能够在科技上高人一等，三十年的共黨統治，仍然無法使百姓獲得溫飽，更何況談及政治上的民主思想了。

就拿最顯著的考試制度來看，雖然有許多人指出大專聯考的許多缺點，但是，其「公平性」則是無人敢加以否認的，政府大官子弟也好，富商名人的子弟也好，一般名不見經傳的販夫走卒也好，都在完全平等的原則和實施下參加，沒有任何「後臺」可靠；人人錄取的機會平等。但是，反觀大陸情況，就完全不同，唸書亦得看「成份」，亦得靠背景，如果家庭被打成黑五類或是什麼的，子弟就再也享受不到公民的權利，完全與民主制度背道而馳，而且根本上剝奪基本人權。

在整個民生史觀的內在涵義中，以民爲本的思想，以天道爲基礎，雖然表面上，完全論及具體的民生問題，衣食住行育樂的問題，但是，其思想基礎則全在於形而上的「順天」，亦即合乎「天理」的理論，以及落實到合乎人情的行爲上，即是說，是在「應人」。在「順天應人」的原則下，才再去設計所有的實行方法：把天理和人禮統一起來，也就是民主法治的根本；因爲，「法」的根本原義，也就是要彰顯自然法（天理）與人爲法（人禮），而且，禮的合乎人情，以及理的順乎天理，都是出自同一的「法則」；以這種「法則」的原理，來作「順天應人」的事業，才眞正算是完成了人生的使命。

民生史觀的進行程序，就落實到三民主義的實踐方針之中，也就是從民族意識的覺醒，到世界大同的目標；而其間的各段過程，都由這種起步以及目的來決定。而這種民族意識首要是在民族自信，對前途的自信，對自身文化價值的自信，對救人淑世工作的自信。從自信自發，催生出各種革命建設行爲。

在民族意識的根本探討中，一個革命者應該知道自身文化的特殊性，卽是其「世界大同」、「天下爲公」的政治社會遠景，是爲全人類而設計的；除非世界上所有民族、所有國家、所有文化體系，都接受此種觀點，否則人類和世界的前途就遭受到阻礙，也就由於對中國固有的「大同」思想的體認，以及對西洋競爭文化，難以消除奴隸制度，以及殖民政策的野心，而更難以平等對待其它有色人種。照歷史事實的顯示，西洋文化雖千餘年受了基督博愛的洗禮，但是，仍然未擺脫其原始的奧林匹克競爭心態。這麼一來，尤其全世界都因了科技的吸引，而實際上在走西化之路時，這種「大同」世界的政治社會藍圖，更應該被提出來，作爲當代行爲的指針。

而中國人的民族自覺，固然在當前情況上是自救，是與列強「爭」生存，「爭」權利；但是，這種「爭」的行爲，也是「順天應人」的；而且，再加上救人淑世的崇高理想，爲全世界弱小民族「打抱不平」的仁心仁術，更是激發民族精神以及加深民族自信的動機。

站在文化的立場看，保存中國文化，復興中國文化，發展中國文化，是拯救世界的唯一出路；但是，由於文化似生命體，它不斷地生長，吸取外來文化；因而，對西洋文化中，好的部份，也儘量吸收。國父　孫中山先生的三民主義，就是吸取了西洋精華，消化在中國道統中的世界藍圖。

因此，民生史觀的出發點是救人淑世的大仁大智心腸；民生史觀的終極目標是世界大同、天下爲公；民生史觀的實行信念是順天應人，民生史觀的落實是在三民主義的進行程序。

第三部份　民生史觀的當代意義

由於科技的進步，交通工具的日新月異，使得空間越來越小，加速了人們交往的機會。人與人之間的交往，帶來了交換意見的可能性，同時，催生了比較的事實：在比較優劣之後，接着而來的是取捨、融通或排拒的行爲。而在各種心態的表明中，最長遠，也最使憂患意識的人士憂心的，莫過於文化發展中的變遷：舊文化的過去，以及新文化的來臨。在這新舊交替中，各種適應世界潮流的措施，以及保存固有民族文化的心態，都表現在社會政治的設計中，其中尤以西方的民主政體的興起，以及法治的各項社會建設，再加上科技發達的各種成果，最顯著的就是解決了民生問題，而使百姓的生活，無論在物質方面，或者在精神方面，都有了明顯的進步。

在中國方面的各項改革，無論在中西接觸中守舊派反對的姿態如何堅強，畢竟事實上在走着「西化」的路子；而這種西化，不但表現在科學技術上，漸漸由農業社會走向工商業社會的嚐試，而且亦在社會型態，甚至在人文科學中，亦步向西洋的路子。

「西化」的最初目的，只是在心態上學習西洋的船堅砲利，作着自強的打算，好來抗拒列強的侵略，並沒有在文化的比較中，作着永恒價值的選擇。但是，也就在「競爭」層次的努力，初嚐敗績之後，才又想到社會的、以及人生觀的基本問題；於是，改革的箭頭才由科技，改向文化。這文化運動所形成的改革嚐試，事實上才是中國以及中華民族的未來命運所繫。

暫且不談五四運動以及非基督同盟的成果，單就國父 孫中山先生所創立的三民主義來看，首先針對着的，旣有當前急不容緩的「吃飯問題」，一方面提出「平均地權，節制資本」，另一方面則要抗拒列強的經濟的、政治的、軍事的侵略。「大家有飯吃」的設計，初看起來只是經濟問題的一部份，其實，在當時的大環境中，如果不先解決對內的「民族自決」，以及對外的「國際地位平等」，也就是說，若沒有政治社會的力量，若沒有軍事的實力，中國百姓的「大家有飯吃」的希望是會落空的。在古代，在農業社會的封閉生活中，百姓只要努力耕作，就可以獲得溫飽，但是，中西接觸之後，就連「吃飯問題」也都成了國際問題；在沒有「平等」之前，在沒有「獨立」之前，在沒有脫離「半殖民地」的束縛之前，「吃飯」亦成了問題。

於是，在先知先覺之士的重重考察之下，才發覺革命事業的不易，才覺察到自強所應走的路途旣悠長且艱苦。民族自信才是最根本的步趨。國父 孫中山先生的革命精神，也就在「民族主義」的根本基礎上，去奠立民權主義的規範，然後才有計劃地實施民生主義。民生才是歷史的中心，才是社會進化的中心，社會進化又是歷史的中心，人民的生計問題，於是層層地繫於國際問題，西化問題，民族自決問題之中。民生史觀的根本原理，以及民生問題的解決方案，於是都孕育在國父　孫中山先生的思想進程中，當然，在表面上看，尤其是在實行的初步步驟上看，「民族意識」佔了優先，尤其在中華民族沒有擺脫次殖民地的束縛之前，似乎把「世界大同」「天下爲公」的遠程目標存而不論。

但是，在社會進化，甚至，在宇宙進化的大學理中，我們站在形而上的原理原則去看事物發展的眞象時，又不能無視於進化的這種最終目的；「大同」與「大公」的精神，必須是人性在世界上發展出的「人文社會」最高的理想境界；而這種最終境界的抵達，則又是非經由「仁愛」與「互助」的行爲不可。

於是，在民生史觀的內在涵義裏，我們曾不厭其煩地把「人性」的根本，用許多不同的角度，將之彰顯出來。我們也特別把國父　孫中山先生的進化學說，作爲民生史觀的骨幹，藉以說明宇宙存在的原理原則，是爲「天理」；然後，把人生的種種，即是「人禮」的一切，安置在宇宙之中；人之於宇宙，正好是禮之於理；宇宙與人生的合一，也正是理與禮的節奏符合。民生史觀的根本原理，也就在形而上的領域中，找出宇宙與人生的合一，即是天人合一；找出理與禮的相符，即是情理的合一。

因此，在民生史觀的當代意義中，我們再度從史觀的領域走出來，再次用客觀的態度，看看國父孫中山先生的宇宙進化學說，是否符合客觀事實，若然，我們還要指出其在當代各種學說中，存在以及發展的價值。

我們最先要探討的問題是：「人性」究竟是「爭」？還是「愛」？事物究竟是「精神」？或是「物質」？因爲，如果無法界定宇宙眞象的唯物或是唯心，我們就無法批評民生史觀，或是唯物史觀的優劣；如果無法界定人生是競爭或互助，我們就不曉得三民主義，或是共產主義比較合乎人性。

我們在受了進化論的物競天擇、弱肉強食的學說洗禮之後，的確感受到禽獸世界的荒蠻，可不是嗎？老虎肚子餓了，就有天生的權利去撕食一隻山羊；在老虎飽食一頓之後，可以安穩地睡上一覺，總不會做惡夢。鱷魚常常覺到饑餓，饑餓時隨時可以咬人一條腿充饑；蚊子雖小，也敢吸吮人血；甚至人類，也可以射殺動物，以之養生。就在這些物競天擇的競爭現象中，難怪達爾文和赫胥黎會發明物質進化的事實，也難怪他們會結論出「適者生存，不適者滅亡」的進化原理；甚至，也可理解出他們把猿猴當成人類的祖先看待，以爲由物進化到獸，由獸進化到人；而進化的動力則是生存競爭。

可是，我們還是要靜下心來問一問：在禽獸世界中的一切行爲，是否都是競爭？是否都是相互殘殺？當然，如果老虎要辦一個幼稚園，或一個托兒所之類的東西，狐狸或山羊總不會將小孩子送去上學；但是，我們不妨觀察一下老虎的「家」，母老虎縱使對外窮兇極惡，但卻也「虎毒不食子」；烏鴉雖然貌醜嘴壞，但是卻知道「孝順」，因而「鴉有反哺之慰」；連羊兒的世界中亦有「羊有跪乳之恩」。以一個善良的心去觀察世界時，總會發現這個世界充滿了愛，充滿了互助，充滿了親情；就連禽獸世界在內，也並不是完全弱肉強食的，像螞蟻的合羣，蜜蜂的勤奮，在在都展現出「互助」：那末，人與人之間的人際關係呢？是否由於其爲「萬物之靈」，就更應當用「互助」和「仁愛」來做人處世？

設想一位母親買菜回來，小姐姐去應門，從母親手裏得到兩塊糖；小姐姐立刻交給小弟弟一塊。這種「仁愛」的行爲，應當受到人類的讚美和鼓勵；可是，達爾文和赫胥黎則大不以爲然，而覺得「姐姐應該一個人獨享兩塊糖」，因爲這才符合生存競爭的原理。可是，人家會問：「那小弟弟怎麼辦？」達爾文和赫胥黎都會搶着說：「搶呀！」

如果認定宇宙進化的原理是「物競天擇」，如果以爲人類的進化與物種進化採取同樣的競爭原則，就必定會走向剛才的結論。但是，我們所知道的，以及我們所希望的，卻是「風調雨順，國泰民安」的社會景象，以及人與人之間的和睦共存，守望相助，家有天倫之樂，國有興平氣象的生活。

人生在追求幸福，但是，幸福不是競爭得來的，而是仁愛獲得的。施比受有福的原理，早爲古人所發現。

如果人家問你，原子筆是精神呢？還是物質？唯物論者會直截了當地說：那是物質！但是，如果我們仔細想一想，也許原子筆就不那末理所當然地是物質；就如我們上阿里山遊玩，偶然在一棵樹上發現刻有兩顆心，一支箭穿過它們，而且下面還刻着兩個名字，我們問：這是物質？還是精神？我們都會承認，那是精神用物質的符號表現出「愛」來：「愛」本來是精神的，但用物質表現出來了。同樣，原子筆是人文世界的產品，是精神內在於物質的東西，是精神征服物質，利用物質作為工具的產品。因而，原子筆的質料固然是物質，可是，它的存在則不是純物質的，是精神存於物質之內。

原子筆是心物合一的。

這麼一來，從整個的宇宙觀察中，我們可以看見精神和物質的合一，可以覺察到精神控制物質的事實，而且，在進化的順序上，精神高出了物質，人類高出了禽獸，倫理道德高出了蠻荒，互助高出了競爭，仁愛勝過了仇恨。也就因此，民生史觀勝過了唯物史觀。

在當代唯物論仍在猖狂，共產邪說橫行的今日，而資本主義國家又在唯有利害關係，沒有是非觀念的今天，用哲學的根本探討，指出民生史觀的正確性，眞是當務之急。否則人類仍不知道要忍受多少折磨和苦難，不知道要承受多少被鬪爭、被流放的痛苦。

在今天的世界思潮中，落實到政治社會的具體型態上，一方面有專門鬪爭的共產集團，利用哲學的歪理，和唯物辯證法的強辯，企圖用人性中的獸性部份，掀起世界革命；掀起全人類無休止的互鬪互殺，以達到赤化世界的目的。另一方面又有資本主義沒落後的福利國家，設法以各種保險制度、福利措施，來安定民心，使每個人都覺到生活的保障。但是，無可否認的，過度的保障，反而使得人性的惰性部份，暴露出來，而加重了國家社會無形中的負擔。並且，在福利國家制度下，百姓由於生活安定，物質生活富裕，也就相對地顯現出心靈生活的空虛和苦悶；難免會造成若干社會問題。

共產主義的流毒，以及資本主義的害處，其實都可用民生史觀的理論來化解；因爲民生主義既着重到具體的民生問題，但亦在理論上發展出人生的終極目標：一方面恰好駁斥了共產的理論；一方面則補足了福利國家的不足。

這個中原因非他，民生史觀一方面繼承了中國道統，另方面學習了西洋精華之故。中國道統中的人性；從「食、色，性也」的根本感受開始，走向仁義道德的設計，終歸於天人合一的境界。國父孫中山先生的「保」「養」問題，也就在這種發展的線索上，追求着永恒的，以及無限的價值；但是，其價值的判斷，則有賴於對人性的體認，以及對人性的信念。

人類在宇宙中的存在，人類在人際關係中的存在，本來就不是孤立的，它有天、地作爲內心表白的證人，它有自己良知來判定自己有沒有對這些價值起了疑心，有沒有在「人與人」的關係中，看清了人性的尊嚴和價值，而以仁愛來代替仇恨，以互助來代替競爭。

這種人生觀的形而上基礎，以及其進行的動力，就在於人類在知識論上，觀察宇宙在人生所獲得的成果。人性果然會運用「類比」原理，從事物進化的過程中，找出仁愛的事實，找出互助的特性；而祇要把鬪爭或競爭，把仇恨和報復，都看作是社會病態的結果，而不是正常的活動時期。

宇宙眞象的探討，涉及到人性自覺的課題，同時更影響着人類行爲的取捨從違；進化眞象的體認，不能不是當今政治社會哲學的課題核心；人性未來發展所遵循的道途：是進化爲神？抑是退化爲獸？是步向神性的仁愛和互助？抑是走向獸性的鬪爭和仇恨？都繫於「進化」概念一字之差！

宇宙問題的核心，一方面固然在其「靜」態的觀察中，以其爲唯物？或唯心？或心物合一？但是，在另一方面，在「動」態的透視中，其目的性？機械性？或機械目的性？都在影響着仇恨或仁愛、互助或鬪爭的選擇。人生存在世界上，一方面由於肉體的生活需要，促使民生問題物質上的各種必需；但是，人除了肉體之外，還有靈魂，而靈性的需要和享受，遠較肉體的需要和享受更大更廣更深。進化原則的把握，才使人在保養精神和肉體的生活上，有更清楚的價値觀念，有更大的發展信心，有更多的人類愛以及同胞愛，有更豐富的憂患意識，去做救世界、救人類的工作，去爲世界爲人類創造幸福。

也就在於曉得人性不是靜止不動的，它還要進化到神性的事實和信念，也就在於深信人類應當互助仁愛，而不仇恨競爭，才會漸漸理解到：生活的目的，在增進人類全體之生活；生命的意義，在創造宇宙繼起的生命。也唯有人類有了這種體驗，才能解脫目前政治社會的所有束縛，一方面解救共產國家的流毒，一方面拯救資本主義的危機；而到最後，才能達到「天下爲公」「世界大同」的太平世。在這太平世中，人性相互間再也沒有鬪爭，沒有仇恨，沒有猜忌；而有的只是仁愛，只是互助，無異是天國的降臨。

民生史觀對「仁愛」「互助」的理論體認，或對其具體的實踐，都不是法律或是權力可以促成的，它具有非常崇高的宗教情操；有權力的人，必定要有大慈大悲的心腸，才會作濟弱扶傾的工作，否則只有走向奴隸制度，以及殖民政策的厄運。這種慈悲心腸，也就是 國父一直強調的，用宗教信仰來補政令的不足。而在這裏，宗教的意義是明顯的，一如 國父自己所信仰的宗教一般。宗教的「信」和「愛」是在形而上的神秘境界中，保證着來世的生命，以及從彼岸傳來的信息。「死亡」的確是人生的極限，在這極限上衝撞於是成了宗教課題中，最具體的問題；死後的生命問題，因此也不是任何政令或制度能够提供解答的。沒有宗教情操，沒有對來生來世的寄望，政治社會制度的創立就失去了依據，我們對一種人生觀或史觀的批評也失去了標準。爲什麼要做好事，而不許做壞事的問題，其最終的答案還是落實到人性終極的「天命」身上；「天」作爲主宰，作爲賞善罰惡的最終標準，才能完全解決人生政治社會問題不完美的部份。 國父的「以宗教補政令的不足」，着實把政治的最後基礎，奠基在宗教的信仰中。

年來，繼十大建設之後，又有一連串的建設計劃，其中最根本也最重要的，莫如「文化建設」這一項了。文化才是一個民族、一個國家發展以及長存的最終基礎。昔日，迦太基比希臘強得多，經濟軍事都強得多；可是希臘保住了文化，並且開創了西洋；而迦太基則滅亡了，滅亡的原因就是過於注重軍事和經濟，而沒有建設文化。同樣，文明古國的埃及，其金字塔以及木乃伊的科技成果，至今仍爲科學所讚嘆，但是，由於沒有文化，也就成爲過去的歷史。再看看中國、印度、希伯來，都是由於文化傳遞，而立足於世界。

但是，近百年來，西潮的衝擊，使我們對傳統失去了信心，甚至有人一直要「打倒孔家店」，使中國曾一度成爲無根的一代。現在，由於文化復興的倡導，以及知識份子的覺醒，在過慣了西洋生活之後，才又意識到自身文化的可愛處，於是，文化復興的口號以及實踐，都在臺澎金馬迅速地展開。此次的新文化運動中，已經理解到國父　孫中山先生民生史觀的精義，已經確信人性的善良，已經確信人性是經由互助和仁愛，走向神性；而且，社會的發展也是伴隨着人性的神性化，走向「天下爲公」「世界大同」的太平世。而這種太平世的促成，一方面是中國固有道統的實現，另一方面則又是藉助於西學的科技和民主。這麼一來，未來世界的藍圖，同時是中西的合璧，是中、西兩方的精華所孕育催生的新生兒；但助產士則不能不歸功於國父　孫中山先生的三民主義。

因此，民生史觀是開放的學說，向着中國傳統開放，向着西洋文化開放，向着時代的需要開放；其當代的意義也就在於其適用於中國、適用於世界、適用於時代。

但是，這種民生史觀並不是自動自發地實行到中國，實行到世界，實行到當代來的；它需要人爲的因素去推動，去發揚，去實踐。民生史觀不是純理論的東西，它是要落實到具體的政治社會的，是要踏實地爲救人類爲救世界的「力行」哲學。

尤其在共產邪說橫行於中國，橫行於世界，橫行於今日的情勢中，民生史觀的理解與實踐更是急不容緩的事。每一個中國國民，都責無旁貸地要把這種信念傳播到中國每一角落、傳播到世界每一角落、傳播到當代的時空中，以促進人類互相的友愛，以制止國與國之間，民族與民族之間的殘殺，以促進人類的永久和平，以實現「天下爲公」「世界大同」的理想社會。

孫中山先生的文化哲學

緒論

文化哲學的探討，是近二世紀的事：前一百年的研究以歷史哲學爲中心，這一百年的研究方向，則趨向於社會哲學的探討❶。歷史原是人類生存「縱」的發展的記載，社會則是人類生活「橫」截面的剖析；而文化則跨越這縱和橫的座標，包含了歷史和社會。人類由於生存的需要，以及生活的享受，而發明了歷史，創生了社會。因而，「文化」是人類思想的產品，是人文世界才有的東西。在人類求生存的過程中，無論是爲了滿足肉體的需要，或是滿足精神的需求，都必須用頭腦和雙手，去利用自然界，去控制自然界，去改造自然環境，而使自然世界成爲人文世

❶ 參閱 Alois Dempf, Kultur-philosophie, München Universität, philosophische Abteilung, HSV 198. 1 Einleitung, S. 4.

界，而人文世界的產生，也正是文化的開始。雖然，這起點的討論，學者們有許多不同的見解，但是，從自然世界一躍而為人文世界，必然就是文化的誕生❷。

孫中山先生的思想表現在三民主義之中，而三民主義的哲學基礎是民生哲學❸。民生的課題，也就是求生存的課題。文化發展的起點，也就奠基在求生存的事實上。人類求生存的努力，開展出物質文明，以及精神文化。物質文明包含了食衣住行各種肉體的需要；精神文化則創造了知識、道德、宗教。人類在生存過程中，也就在文明以及文化的生活中，問及人生的意義和價值，問及人生的目的。在價值、意義、目的的探討中，展示了人類對過去的批判，對未來的憧憬，以及對前途的信心。

文化哲學的探討，也就着眼於人類求生存的現實和理想，過去和未來。孫中山先生的文化哲學，也就是以三民主義的哲學基礎，來研究文化的課題。在這個課題上，我們分四章來深入問題的討論；首先我們設法用三民主義的理論，來界定文化的意義、範圍、能力、極限；(第一章)進而躍入文化的哲學層次，即是對人類的信念和信心，作為文化發展的根本動力(第二章)；然後，濃縮出孫中山先生文化哲學的內在涵義——王道文化(第三章)；最後，提出三民主義文化

❷ 參閱鄔昆如著「三民主義哲學」，中央文物供應社，民國七十年二月十五日版，第二四五頁。

❸ 三民主義之體系及其實行程序，蔣總統集，國防研究院中華大典編印會合作出版，民國五十七年三月三版，第一一三九頁。

發展的最終目標——世界大同，並進而中論達成此目標的方法（第四章）。

一、文化哲學的意義

關於文化的描述，孫中山先生遺著中，雖有不少，但卻沒有哲學性的定義，我們在這裏，滿足於描述性的解說：

「芸芸眾生，莫不以求生存爲目的。人爲萬物之靈，其求生存的意義與生活的目的，尤爲重大。他不僅能適應自然，並且能利用自然，控制自然。他不僅求一己的生存，一個民族的生存，和一個時代的生存，並且求他人的共存，人類的並存，和歷史的永存。他不僅求物質慾望的滿足，並且求精神生活的美滿與充實。人類爲實現其生存意義與生活的目的起見，才有語言、文字、道德、法律、哲學、宗教、科學、藝術，以及衣、食、住、行等日常生活的工具，和享用方式的創造與發明；這些創造與發明，就是文化。……簡單的說：文化是人類爲了適應生存要求，和生活需要所產生的一切生活方式的綜合和他的表現。」❹

這種對「文化」的描述，顯然他是以「人」爲中心，而且，指證出：「人」不是一成不變的，不是命定爲定型的，而是在「求生存」的發展和進步的原理中，生生不息，不斷地在超越環境、

❹ 文化運動綱要，中國國民黨五屆十一中全會通過，民國三十二年十一月十二日公布。

超越自己。這種超越的事實，不但在「自然人」身上，窺探出其進化的軌跡，而且更能在「文化人」的層次上，看出「人性」向着「神性」發展的傾向，這種發展的起點、過程、終站，無論是宇宙論的探討，或者是人性論的研究，都可以在民族主義第五、六講中，找到必要的註腳。

緒論中提及的，文化哲學涵蓋了「縱」的歷史哲學，以及「橫」的社會哲學；三民主義的文化哲學體系，也正由這種縱的歷史的承傳，以及橫的社會改革來展現。在歷史的承傳中，前溯固有文化傳統的堯、舜、禹、湯、文、武、周公、孔子，一脈相傳的道統，發展出人類共同文化的前瞻，止息在天下爲公、世界大同的太平世遠景中；在社會的改革方面，從政治的、經濟的、物質的、心理的各方面着手，以期改善民生問題。

孫中山先生所繼承的道統，一方面濃縮中國的「博愛之謂仁」，另一方面信賴基督的「博愛」，使社會和歷史中不平等不自由的現實，轉換成自由平等的理念和實踐。如此，道德的理念，催促着進化的進程和方法，從獸性發展到人性，從人性發揚到人格，從人格發展到神性。從物到獸，從獸到人，從人到神的進化理論，展示了「人性」在進化過程中，對物、對人、對天的三個面向，各有不同的原則；而在道德設計中，用物、愛人、敬天的情操，也正是物質文明、道德文化、宗教文化的區分。「人」的自我完成，也就透過自己，以及在羣體生活中，對物、對人、對天的關係，所發展出來的理論和實踐。

中、西文化的相異處，孫中山先生所提出的王道霸道之分，並不在起點和終點，而在於方法的運用：王道文化以德化人，而霸道文化以力服人❺。

「專就最近幾百年的文化：歐美的物質文明極發達，我們東洋的文明不進步。從表面的觀瞻比較起來，歐美自然好於亞洲；但是從根本上解剖起來，歐洲近百年是什麼文化呢？是科學的文化，是注重功利的文化。這種文化應用到人類社會，只見物質文明，只有飛機炸彈，只有洋槍大砲，專是一種武力的文化……這種專用武力壓迫人的文化，用我們中國的古話說，就是『行霸道』，所以歐洲的文化是霸道的文化，但是我們東洋向來輕視霸道的文化。」❻

「還有一種文化，這種文化的本質，是仁義道德。用這種仁義道德的文化，是感化人，不是壓迫人，是要人懷德，不是要人畏威。這種要人懷德的文化，我們中國的古話就是『行王道』……。」❼

在這裏，我們很清楚地看出，孫中山先生的文化見解，絕不採取法國實證主義者孔德(Auguste Comte, 1798-1857)的三站說理論：後者以爲文化的發展和進步，是順着神學、哲學、科學而取向的。神學時期是神話時代，後來有理性解釋了神話，是爲哲學時代；再後是科學實證

---

❺ 大亞洲主義，國父全集第二册，第七六六、七六七頁。

❻ 同上。

❼ 同上。

取代了哲學的思辯，是為科學時代；而且，科學時代是最文明，文化最高的時代。孫中山先生相反，以為科學文化是霸道文化，是比較低級的文化，而仁義道德的文化，比較高尚；甚至，要用宗教來超度政治，而完成「俾從神道而入治道」❽，以及「國家政治之進行，全賴宗教以補助其所不及」❾。

這末一來，文化的意義，在人文世界的創生和發展，也正如在自然世界發生的進化一般，是由物到獸，由獸到人，由人到神的動向；而這種進化的動向❿，在社會制度的具體落實中，是從據亂世到昇平世，從昇平世到太平世的最終理想⓫。

二、歷史的信心

文化哲學中從歷史的「縱」的發展上看，先是對創造歷史的人性有所把握，然後又遠瞻人類社會未來發展的可能性；前者是歷史的課題，後者是歷史哲學的課題。歷史不但是記載過去的事實和事件，甚至亦不祇是把這件事實和事件，有系統地排列起來；歷史是對過去的事實和事件提出批判，而且是價值批判。歷史哲學則更進一步，能够在檢討過去中，策勵將來；甚至，從過去

---

❽ 國父全集第三册第一五頁。
❾ 同上第二册，第二六二頁。
❿ 同上第二册，第五四四頁。
⓫ 民生主義育樂兩篇補述，同上第一册第二八一頁；蔣總統集，第七八頁。

歷史演變的原理中，預卜未來。

價值批判以及預卜未來的標準，在 孫中山先生的學說中，便是天理與人道，是「順天應人」的設計，而這順天應人的設計，便促成了文化發展的大原則、大指標；獸性的擺脫、人性的把握、神性的企求。

㈠**獸性的擺脫**：人類中的獸性部份，造成了歷史中許多不幸的事實和事件，甚至亦導引了不少異端邪說的誕生。 孫中山先生以自身專業的生物學者的身份，修正了達爾文的進化論⑫，批判了馬克斯主義的鬪爭學說⑬。

「而作者則以爲進化之時期有三：其一爲物質進化之時期，其二爲物種進化之時期，其三則爲人類進化之時期……物質之進化，以成地球爲目的……由生元之始生而至於成人，則爲第二期之進化……人類初出之時，亦與禽獸無異……物種以競爭爲原則，人類則以互助爲原則⑭。」

人類進化，第一步就是要擺脫獸性：而擺脫獸性的方式有二階段，先是減少獸性，後是消滅獸性：

⑫ 達爾文的進化論及由物到獸，由獸到人的進化，而且，進化的原則是競爭。 孫中山先生在進化的進程中加上了從人到神的進化階段，而在這階段中，競爭的原則不適用，而改爲互助。

⑬ 國父全集第二冊第二八四、二八五頁。

⑭ 孫文學說第四章，國父全集第一冊第四五五頁。

「要人類有高尚人格，就在減少獸性，增多人性。沒有獸性自然不至於作惡；完全是人性，自然道德高尚，所做的事情當然是向軌道而行，日日求進步，所謂人爲萬物之靈⑮。」

「依進化的道理推測起來，人是由動物進化而成，既成人形，當從人形更進化而入於神聖。是故欲造成人格，必當消滅獸性，發生神性，那末，才算是人類進步到了極點⑯。」

減少獸性，增多人性，是從獸到人的物種進化的保證；消滅獸性，發生神性，是從人到神的人類進化的條件。

㈡人性的把握：人性不是靜止不動的，它也不是進化的終點，它還要向着更高的神性進化。當然，因爲人性來自獸性，向着神性發展，因而其本身雖有向着神的善的一面，可用互助和仁愛作爲生命的意義；但是亦擁有墜入獸性的惡的一面，會用仇恨和鬪爭作爲行事的準則，要避惡，在消極上要制定法律，在積極上就是造就高尚的人格；要行善，唯一的方法就是高尚的人格。而高尚人格的修成，就成爲人類共同努力的目標。

「人類的天賦，是應該做些什麼事呢？最重要的，就是要令人羣社會，天天進步。……造成頂好的人格……要人類進步的方法，當然是在合大家的力量，用一種宗旨，互相勸勉，彼此身體力行，造成頂好的人格⑰。」

---

⑮ 國民以人格救國，國父全集第二册第五四四頁。
⑯ 同上第五四五頁。
⑰ 同上第五四四頁。

而人格的修成，也正是人類進化的高峯，這高峯是消滅獸性，發生神性，也正是中國傳統哲學的天人合一的境界了⑱。

㈢**神性的企求**：獸性的擺脫，人性的把握的再發展、再進步，就是進入神聖的境界。

「當從人形更進化而入於神聖⑲。」這是進化第三期人類進化的描寫，它需要的是仁愛互助，它需要的是「宗教補政令之不足」；它所希望的，是宗教上的「爾旨得成，在地若天」，是道德社會的「天下爲公」⑳。

「必當消滅獸性，發生神性，那末，才算是人類進步到了極點㉑。」

當然，「物種以競爭爲原則，人類則以互助爲原則……然而人類今日猶未能盡守此原則者，則以人類本從物種而來，其入於第三期之進化，爲時尙淺，而一切物種遺傳之性，尙未能悉行化除也㉒。」

但是，「人類文明之後，則天性所趨，已莫之爲而爲，莫之致而致，向於互助之原則，以求達人類進化之目的矣㉓。」

⑱ 解決共產主義思想與方法的根本問題，蔣總統集第一九二七頁。
⑲ 國民以人格救國，國父全集第二册第五四五頁。
⑳ 孫文學說第四章，國父全集第一册第四五五頁。
㉑ 國民以人格救國，國父全集第二册第五四五頁。
㉒ 同上⑳。
㉓ 同上。

三、王道文化

從上一章文化發展的大原則：獸性的擺脫，人性的把握，神性的企求的過程中，我們發現：人性才是關鍵問題，而人性社會的關心，也才是問題探討的核心。人類社會如何才是符合人性的？如何算是擺脫了獸性？又如何才算向着神性發展？

孫中山先生推出了「王道文化」，作爲落實到具體的政治社會的原理原則。

上一章歷史的信心，是在探討文化哲學「縱」的一面，這一章的王道文化，是在討論社會哲學「橫」的部份。社會哲學原就是二十世紀熱門學科之一，要從人性的終極基礎，來研究社會的課題：原理與問題。在社會原理中，孫中山先生提出人性的基礎，以仁愛互助、德化的王道文化，作爲根本的思考對象。

孫中山先生在探討文化時，提出了許多類型，像「哲學的文化」「宗教的文化」「倫理的文化」「工業的文化」㉔「科學的文化」「功利的文化」「武力的文化」㉕「功利強權的文化」「仁

㉔ 大亞洲主義，國父全集第二册第七六六頁。
㉕ 同上第七六八頁。
㉖ 同上第七六七頁。

義道德的文化」㉖；但是，最重要的，還是「王道文化」與「霸道文化」㉗。

孫中山先生在「大亞洲主義」演講中，曾給予「王道文化」解說，而濃縮在「感化人……要人懷德」中㉘。然後辯證出東方文化就是王道文化㉙。再後指出王道文化與霸道文化的優劣比較㉚。

現在，留下的問題是：王道文化的內涵是什麼？以及如何去實行王道？

王道文化的內涵，根本是三民主義的內涵，後者包含了倫理、民主、科學。

科學的發展，是在解決民生問題的物質必需：食、衣、住、行。人民的生活、社會的生存、國民的生計、羣眾的生命，都基本上依賴科學的給予。這科學發展的信念， 孫中山先生發明了「行易知難」的學說㉛，用「力行哲學的體系，來實踐知行合一」的道德原則。

民主的實施，消極上反對專制，積極上主張民權，「主權在民」㉜就是民主實施的原理，而

㉗ 孫中山先生在「大亞洲主義」演講中，把科學文化、功利文化、物質文明，統統歸於「武力的文化」，而以「霸道文化」來概括；而把仁義道德的文化，稱做「王道的文化」。國父全集第二冊第七六七頁。

㉘ 同上第七六八頁。

㉙ 同上。

㉚ 大亞洲主義：「用霸道的文化，和王道的文化比較起來，究竟那一種有益於正義和人道？那一種有利於民族和國家，請諸君可以自己證明。」國父全集第二冊第七六八頁。

㉛ 孫文學說，國父全集第一冊第四二三—四七四頁。

㉜ 中華民國建國之基礎，國父全集第二冊第一七七頁。

其廣義就是「民有、民治、民享」㉝。無論是權能區分說，或是五權憲法，或是軍政、訓政、憲政的進程，都是在實行民主的政治。

倫理原就是中國道德文化的根本，其促使人際關係走向仁愛和互助，消極上，倫理使科學不致製造殺人的武器，走向霸道；倫理使民主不致於走向自由主義或放任主義的陷阱。中國道統的衞護和發揚，原也正是 孫中山先生文化的根本。

王道文化原就是人類進化過程中，必須實踐的方法，是人類進化「從人到神」的必經之途；而王道文化的成果，就是「世界大同」。

四、世界大同

歷史哲學的思想中心，就是要批判過去以策勵將來，而對過去的價值批判，來預言未來的社會狀況。當然，對未來完美社會的憧憬，是所有高度文化的發展目標，亦都是歷史哲學家，社會哲學家所致力理解的課題。

孫中山先生承傳了中國道統，指出了「天下爲公，世界大同」爲歷史和社會的發展終極目標，也就是文化的最終理想。同時， 孫中山先生更參照了西方基督宗教的精華，把「爾旨得成，在地若天」，當作是「天下爲公，世界大同」的同義語㉞。

㉝ 三民主義具體辦法，國父全集第二冊第四〇六頁。

㉞ 孫文學說第四章，國父全集第一冊第四五五頁。

面。

關於這點，我們可以用兩條管道，來通往人類文化的終極理想：一是人性方面，一是社會方面。

㈠**人性方面**：人性是不斷進化的，從獸性而來，向神性發展；神性的發生，也就成了「爾旨得成，在地若天」的神性降凡的最佳註解；而人性在社會上的表現，也就是「天下爲公」的情操。

人爲萬物之靈，因而其本性就是頂天立地的，一方面能够替天行道，另方面又能擺脫獸性，而向着神性發展。人的本體，因而雖是心物合一，但是，卻是視心重於物的心物合一㉟，神性的發生，才是人性發展的極致。

㈡**社會方面**：由仁愛爲基礎的三民主義哲學㊱，也就能在具體的各項措施中，表現出互助的精神；在政治方面，有「選賢與能」的選舉制度，而且，領袖也眞能够「講信修睦」，來領導百姓，處理百姓之事。這也正是人民有權，政府有能的制度，在經濟生活方面，是「貨惡其棄於地下，不必藏諸己；力惡其不出於身也，不必爲己」，做到人盡其才，地盡其利，物盡其用，貨暢其流的繁榮情況。在社會福利方面，是「老有所養，幼有所長，壯有所用」以及「盜竊亂賊而不

㉟　蔣總統集第一九二八頁。
㊱　「三民主義的哲學基礎爲民生哲學」而「仁愛爲民生哲學的基礎」。參閱戴季陶著「孫文主義之哲學的基礎」，三民主義哲學論文集，中央文物供應社出版，民國六十七年五月二十日，第二一頁。

作，故外戶而不閉」的景象。

要達到這些政治的、經濟的、社會的目標，一方面可在從軍政到訓政到憲政的建國步驟來看，另一方面亦可在先總統　蔣公所作的「民生主義育樂兩篇補述」中，窺探其全貌㊲。

結　論

孫中山先生文化哲學的基礎，發源於人性，以及對人性所抱持的樂觀態度，其方法則是透過歷史的信心，社會的改革，而直指「天下爲公，世界大同」的「太平世」的終極理想。問題的核心固然在於這種「人性──→歷史和社會──→太平世」的發展方向；但是，具體的課題，還是如何在社會建設的設計中，認定「太平世」的目標，而全力以赴，這也就是「三民主義」整體理論和實踐整合的問題，這問題已超出了本課題的範圍。

㊲ 國父全集第一册第二八一頁，蔣總統集，第七八頁。

三民主義的進化理論

前言

進化學說（Theory of Evolution）盛行於西洋十九世紀，與同一世紀的其它學說，像唯物論、實證論、實用主義、功利主義齊名。西洋十九世紀思想的最大特性，就是要在動態的宇宙和人生中，找尋人類落實到具體政治社會的行爲規範。

進化學說在西洋十八世紀時的百科全書派，已有了初步的認定，以爲人類是一直在進步的。眞正的進化理論始自對生物的進化看法。最先有達爾文（Charles Darwin, 1809-1882）在一八五九年，發表了「物種原始」（On the Origin of Species by Means of Natural Selection, 1859），稍後有華萊士（Alfred Russell Wallace, 1823-1913）的許多進化著作。達氏與華氏被認爲是進化論的創立人。隨後來的斯賓塞（Herbert Spencer, 1820-1903），赫胥黎（Thomas Henry

Huxley, 1825-1895)，摩根（Conwy Lloyd Morgan, 1852-1936），黑格而（Ernst Haeckel, 1834-1919)，奧斯華（Wilhelm Ostwald, 1853-1932）等人，就站在達爾文物種原始的前提上，發展了進化論的學說。

從生物的進化論走向宇宙進化論，也就是從自然科學進化論，走向了哲學進化論的探討。國父　孫中山先生早年習醫，其對生物進化學說的崇向，在其民前十六年十月的「自傳」中，可以獲知：

「西學則雅癖達文之道（Darwinism）。」[1]

從「達文之道」的崇向、研究、發揚、修正、補足、配合以中國仁道思想，逐漸塑成了國父　孫中山先生特有的進化論。

國父　孫中山先生所創建的理論，其整體被稱爲三民主義，三民主義的最重要繼承人則是先總統　蔣公。因而，這種進化理論也就冠以三民主義進化理論；而且，其理論的進程和發展，也就以國父　孫中山先生的遺著，以及先總統　蔣公的遺著爲準。

有關三民主義的進化理論，我們採取三個面向來探討：首先，我們收集客觀的資料，整理出此理論的起源和發展，是爲「歷史發展」；然後，我們進入此理論的內部，研究其「內在涵義」；最後，站在宇宙和人生的整體立場，來檢討這種學說的得失，是爲「當代意義」。

[1] 國父著「自傳」，民前十六（一八九六）年，十月，國父全集第二冊第二頁。

第一部份　史的發展

在三民主義進化理論「史的發展」探討中，我們無論在時間的先後上，或是在資料的價值先後上，都依循下列的次序：先是國父　孫中山先生的言論，次爲先總統　蔣公的學說，最後才是各專家學者的意見。

也就在這種順序的排列下，我們把三民主義的進化理論分成六個時期：學說萌芽期、學說生長期、體系建立期、思想成熟期、學說完成期、理論發展期。

現就請分段來說明：

㈠學說萌芽期：　國父民前十六年的自傳，宣示了其「西學則雅癖達文之道」，可以說是其進化思想之萌芽時期。在此之前，國父早在一八八六年（民前二十六年）八月，就開始習醫，先在廣州博濟醫院附設之南華醫學校（一八八六年八月——一八八七年二月），後在香港西醫學院（一八八七年二月——一八九二年七月）；學成後，先在澳門行醫（半年），再在廣州開業（一八九三年春——一八九四年九月）。這些對生理的研究，以及對病理的治療，就形成他「智」和「賢」的腦筋和心靈，對日後架構進化理論的基礎。

若說民前十六年，其進化思想已從達爾文學說中獲得啟示，則民前四年的「平實尚不肯認錯」一文，揭示了他開始關心進化分類的課題；首先把進化分爲天然進化與人事進化，因而反對

平實先生用「天演」二字來翻譯 Evolution 一詞。❷

㈡**學說生長期**：自民國元年到民國六年間，國父一方面繼續研究進化之種類，另一方面也開始涉及進化原則的課題。就如「非學問無以建設」一文，就指出：在社會上人際關係的競爭，已經是過時的學說，目前講進化，即應談互助❸。在這裏，國父在進化理論上，已經開始突破西洋進化論的藩籬，即開始應用中華文化中的仁愛因素，加入到人類進化的進程中。

在「求建設之學問爲全國人民負責任」文中，更強調：優勝劣敗的競爭思想，是野蠻時代的產品，而文明人應該認同和平、認同公理；而人類進化的軌跡，很清楚地是：由野蠻進入文明，而不可能倒轉過來的。❹

在「社會主義之派別及方法」文中，也同樣舉出：野蠻時代才講天然淘汰，而道德文明的時代，是要講公理良知的。❺

在「周應時戰學入門序」中，開始以文化的立場，覺得進化可以分爲物質的進化，以及心性的進化；而且，以爲西洋文明主張弱肉強食，專講物質進化，而中國文化則講仁愛、講和平，是心性進化的象徵。❻

❷國父著「平實尙不肯認錯」，民前四年八月二十日，國父全集第二册第八十五頁。
❸國父著「非學問無以建設」，民國元年五月七日，國父全集第二册第二三八頁。
❹國父著「求建設之學問爲全國人民負責任」，民國元年八月三十日，國父全集第二册第二五〇頁。
❺國父著「社會主義之派別及方法」，民國元年十月十一——十三日，國父全集第二册第二八四頁。
❻國父著「周應時戰學入門序」，民國三年六月，國父全集第四册第一四一八頁。

在這期的進化分類方面，尚有「行之非艱，知之維艱」的知行關係，以爲先行後知是進化的初級，而先知後行則是進化的盛軌❼。

㈢**體系建立期**：從民國七年十二月三十日開始完成的「孫文學說」開始，就進入到進化體系的整體思考。其中尤其是第四章，提出了進化的原則、進化的目的、進化的程序、進化的分期等課題；這種體系的建立包括了民國八年出版的文言本「三民主義」，民國九年的「大光報年刊題詞」，民國十年的「實業計劃」結論，以及「軍人精神教育」。

在這些篇章中，首要的提出了進化的原則，有競爭和互助，但是，這二原則相互間之關係是：物種進化適用競爭，人類進化則應用互助。如此，宇宙進化原分三個階段的，即物質進化、物種進化、人類進化；而且，每一進化階段都有其目標，物質進化之目標爲地球，物種進化之目標則是人，而人類進化之目的則是孔子的「天下爲公」，亦卽耶穌的「爾旨得成，在地若天」。還有，在每一階段的進化，都有其獨特的進程。就如第一階段的物質進化，其進程是：太極動而生電子，電子凝而成元素，元素合而成物質，物質聚而成地球。再如人類進化；不知而行是從草昧進文明，行而後知乃文明再進文明，知而後行則是科學發明時代❽。

在這期思想發展中，特別提出了超乎達爾文的思想，那就是人類進化只講互助，不講競爭。❾

❼ 國父著「行之非艱，知之維艱」，民國六年七月二十一日，國父全集第二册第三八〇頁。
❽ 國父著「孫文學說」，民國七年十二月三十日。第五章。國父全集第一册第四五九頁。
❾ 同❷。

㈣**思想成熟期**：從民國十二年始，　國父就完成了他的進化理論，其中以「國民以人格救國」一文，綜合了前面幾期的精華，編成了進化體系清晰明瞭的濃縮：那就是整體進化，包含了宇宙進化，以及人類進化；卽是從物到獸，從獸到人，從人到神。並且，肯定了人生的努力方向，也就在於：擺脫獸性，增多人性，產生神性。

這樣，物質進化是從物到獸的階段，物種進化則是由獸到人的階段，人類進化就是從人到神的發展；而這三期進化是自成體系的，自太極開始，一直發展到人而神的進化最終目標⑩。

正因爲每一階段的進化方式不同，同時進化的原則也有所變化，因而，在民國十二年的豐收季節，覺得天然的進化是不知不覺的，是緩慢的，而人爲的進化則是有知有覺的，而且速度轉快，以爲人爲的進化，可以補天然進化的不足⑪。

民國十三年是國父　孫中山先生思想的豐收年，他從一月廿七日開始，講了民族主義六講；從三月九日起，講了民權主義六講；又從八月三日起，講了民生主義四講。

在這些演講中，國父　孫中山先生設法指出地球的來源，以及人類的來源；而且亦在人本心的深處，指出政治社會中的「惡」行；因而以爲世界進化，站在人中心來看，那就是：人同獸爭，人同天爭，人同人爭；而且，整個的「爭」的學理，表現在天然淘汰以及人爲淘汰之中，而

---

⑩ 國父著「國民以人格救國」，民國十二年十月二十日，國父全集第二册第五四四——五四五頁。
⑪ 國父著「學生要努力宣傳擔當革命的責任」，民國十二年八月十九日，國父全集第二册第五二五頁。

優勝劣敗的事實，亦都在求生存的道途中，強調民族精神，強調民權思想，強調民生樂利。⑫

㈤**學說完成期**：國父 孫中山先生的進化理論，在自然科學觀察的層面上看，的確已經完成體系；但是，我們若用哲學的判斷來考察進化問題的全盤，則至少認爲對物質進化的起源，沒有完全解釋清楚，因爲，「太極」是怎麼來的？其本身的「以太」是精神或是物質？或是心物合一的實體？還有，「太極」動的動力是什麼？是自動或是他動？這是對進化始點的諸問題。

至於進化的終點：在政治社會的境界上是「天下爲公」，在宗教上是「爾旨得成，在地若天」，在本體論上則是「從人到神」，這「神」究竟是什麼？其與「太極」的關係又是什麼？

換句話說，如果要在哲學的整個體系上，說明進化理論，那就非預先解答前面提出的這些問題不可。

先總統 蔣公也就站在哲學的立場，一步步地解答了上項的諸多問題。

首先，在「哲學與教育對於青年的關係」中，提出了「太極」就是自然法則和人爲法則的最高原理。⑬繼則在「爲何漢奸必亡，侵略必敗」中，提出了進化四問題，問及人性情緒的物欲，問及理知的思想，問及人生的社會合羣，問及科學對進化的論據；而其終極答案就在於，尋找諸問

⑫ 國父著「三民主義」十六講，自民國十三年一月二十七日至同年八月廿四日，國父全集第一冊第一——二二三頁。

⑬ 先總統 蔣公著：「哲學與教育對於青年的關係」，民國三十年七月，蔣總統集第一三四七頁。

題形而上的最終基礎。⑭最後，就是民國四十四年的「解決共產主義思想與方法的根本問題」一文，其中用形上學的最終探討，以爲「太極」就是中國哲學中的「天」，就是西洋文化中的「神」，就是宗教信仰中的「上帝」。⑮

於是，三民主義進化理論完成了，它是從上帝開始的，再回歸到上帝處，完全與西方神學的體系符合；同時亦完成了整個形上學體系。在整個動態的宇宙觀中，人不是一成不變的，它與宇宙最低層次的物質相連，但同時內存有傾向神性的可能性；因爲它來自神性，在進化的終了時，仍舊回歸神性。

㈥**理論發展期**：我們前面探討了國父　孫中山先生「直線式」的進化理論，從「太極」開始的物質進化，漸次進入從獸到人的物種進化，最後在人類進化的峯頂，設計了神性的終站。這種從「太極」到「神」的進化理論，很顯然的是本體論式的，在這本體落實到具體政治社會時，「神」的終站也就成了理想社會的「天下爲公」，以及宗教所寄望的「爾旨得成，在地若天」的「地上天國」。顯然的，國父　孫中山先生的進化理論，重心不在於用科學的觀察，去證明從物到獸，以及從獸到人的事實，更不去強調那物質進化或物種進化的原則：物競天擇，弱肉強食；而

⑭ 先總統　蔣公著：「爲何漢奸必亡，侵略必敗」，民國三十九年十月，蔣總統集第一七三一頁。

⑮ 先總統　蔣公著：「解決共產主義思想與方法的根本問題」，民國四十四年四月，蔣總統集第一九二七——一九三一頁。

是要把重心安排在人類進化的階段上，而且，要特別強調人類進化的原則，不在競爭，而在互助。國父　孫中山先生相信，唯有透過互助，人類才會向著「太平世」發展，人間世才會出現「人間天國」。在文化哲學的觀點下，來窺探國父　孫中山先生的進化學說，很顯而易見的，就是他的社會哲學對社會組織的根本看法：互助；以及他的歷史哲學對歷史遠景的憧憬：太平世。

國父　孫中山先生的文化理想，後來由先總統　蔣公用形而上的哲學體系來支持，那就是本體論的建立：把太極——進化的始點，和神——進化的終站，連結在一起，而完成了整個動態的宇宙觀和人生觀。

本來，在理論發展期中，各位專家學者應該在這個基礎上，繼續發展，繼續研究，利用科學的觀察，找到物質進化以及物種進化的證據，甚至利用哲學的判斷，來開展文化哲學的歷史遠景，以及社會結構。但是，不幸的，當代不少學者，並沒有完全遵照這種三民主義的進化理論，而多在西洋十九世紀唯物、實證影響之下，來理解進化的種種，尤其是站在無神、唯物的立場，把原屬哲學基礎的本體論理解，轉換成政治社會較具體的層次，也就是說，不但肯定達爾文從物到獸、從獸到人的進化，而且亦認定人類進化中的互助，以及「太平世」的遠景，但卻不願多述「爾旨得成，在地若天」的宗教寄望，更不肯用本體的「神」，作爲人類進化，從人到神的終極目標的思想；至於提到先總統　蔣公把「太極」看成「神」、看成「上帝」、看成「天」的宗教以及形上思想，就更避而不談了。⑯當然，近人能透視這種形上體系，同時又能包容 國父和先總統學說的，也頗不乏人，⑰不過，他們的研究和呼聲，畢竟是微乎其微的。

第二部份　內在涵義

在前面的三民主義進化理論的歷史發展中，我們窺見了動的宇宙和人生；宇宙和人生的一切都不是已定的，一成不變的，而是在生成變化之中。正因爲進化論所採取的是動態的宇宙和人生，因而其本體論的確立，也就成爲最大的難題。在三民主義進化理論的探討中，我們無法詢問，宇宙的不變本體是什麼？人的永恒本體是什麼？因爲在動態的眞象中，無法要求靜態的本體。因而，我們在論及宇宙和人生的眞象時，唯一的辦法，就是站在前面歷史發展每一階段、每一小節之外，以整體的眼光來看宇宙和人生。就在這種方式之下，我們才能眞正走進進化的內在涵義中，一方面探討它的形式，另一方面研究它的內容。

㈠**進化的形式**：從上面史的發展中，我們可以濃縮出進化的根本形式：那就是進行三階段的

⑯ 有關形上學以及本體論的課題，能夠展示在進化思想中的學說，今人有許多不同的見解，請參閱鄔昆如著「三民主義形上思想之發展」，中央研究院三民主義研究所專題選刊，三十六，中華民國六十九年六月。第十九、二十頁。

⑰ 參閱鄔昆如著：「三民主義哲學」，國立編譯館主編，中央文物供應社印行，民國七十年五月廿五日。第一八二——二〇二頁。

排列，不是直線式的進行，而是循環廻歸式的發展；其中最大的關鍵，以及最困難的課題，也就在於對「太極」的註解，在於「太極」和傳統的「天」，以及宗教中的「上帝」、「神」之間劃上等號；這劃上等號的工作，是先總統　蔣公研究哲學數十年之成果，亦是三民主義哲學在基礎上決定性的成果；沒有它，三民主義的形而上學就建立不起來。

我們這就嘗試畫出三民主義進化理論的根本形式：

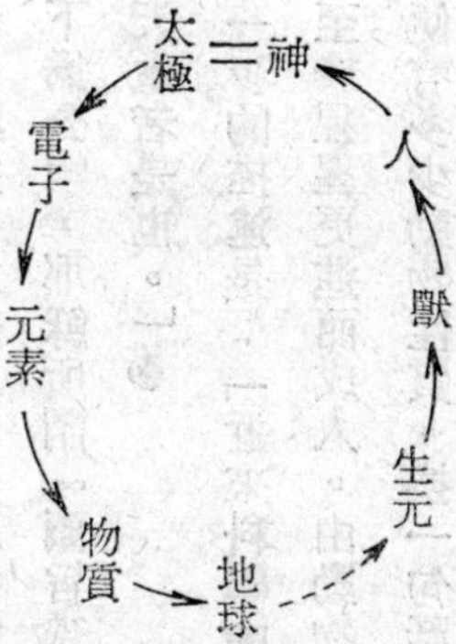

在圖示的根本形式中，物質進化的描述是：「太極動而生電子，電子凝而成元素，元素合而成物質，物質聚而成地球」，「物質之進化，以成地球爲目的。」[18]

第二期物種進化之描述是：「由生元之始生而至於成人，則爲第二期之進化。物種由微而

[18] 國父著：「孫文學說」第四章，民國七年十二月三十日，國父全集第一冊第四五五頁。

顯，由簡而繁，本物競天擇之原則，經幾許優勝劣敗，生存淘汰，新陳代謝，千百萬年，而人類乃成。」⑲

第三期人類進化之描述是：「人類初出之時，亦與禽獸無異，再經幾許萬年之進化，而始長成人性，而人類之進化，於是乎起源。……人類本從物種而來，其入於第三期之進化，爲時尚淺，而一切物種遺傳之性，尚未能悉行化除也。……人類進化之目的爲何？卽孔子所謂『大道之行也，天下爲公』，耶穌所謂『爾旨得成，在地若天』。此人類所希望，化現在之痛苦世界，而爲極樂之天堂者是也。」⑳

更進一步的描述是：「近來科學中的進化論家說，人類是由極簡單的動物，慢慢變成複雜的動物，以至於猩猩更進而成人。由動物變到人類，至今還不甚久，所以人的本源便是動物，所賦的天性，便有多少動物性質。換一句話說，就是本來是獸，所以帶有多少獸性，人性很少。我們要人類進步，是在造就高尚人格，要人類有高尚人格，就要減少獸性，增多人性。……依進化的道理推測起來，人是由動物進化而成，既成人形，當從人形更進化而入於神聖。是故欲造成人格，必當消滅獸性，發生神性，那麼，才算是人類進步到了極點。」㉑

---

⑲ 同上。
⑳ 同上。
㉑ 國父著：「國民以人格救國」，民國十二年十月二十日，國父全集第二册第五四四——五四五頁。

因此，進化的形式也就奠定在「發展」和「進步」二概念，而這發展和進步的中心是「人」，第一期物質進化之目的是地球，地球的形成，以及其它物質世界，並未發展成地球的星體，都同時存在，同樣地，第二期物種進化的目的是人，但同時亦有許多生物、動物並未進化；同理，第三期人類進化的目的是神，也當然有可能有的人沒有進化爲神，仍然停留在人類階段，正如動物進化成人類，但仍有許多動物停留在動物階段一般。

進化形式的確立，塑造了活的宇宙、動態的宇宙，進步發展的人生。

㈡**進化的內容**：這種以「人」爲中心的進化理論，並不停止在「人」的階段，而是要從人進化成神。因此，整個進化的內容就有了本質上的改變。西洋十九世紀的進化論所發現的，祇是物種進化中的「弱肉強食」、「物競天擇」、「適者生存，不適者滅亡」；因而主張發展和進步的原則是強權、是競爭。但是，三民主義的進化理論不是以物種爲中心，而是以「人」爲中心，而且，這「人」是向著「神」開放的，因而，「從人到神」的進化，才是三民主義進化理論所關懷的重點；這樣，「弱肉強食」的獸性描述，就不足以形成進化的原則；進化原則因爲要促成「從人到神」的進化，因而主張互助，主張仁愛。

從進化原則的互助和仁愛，落實到政治社會之中時，就形成抵達「太平世」的具體條件。因爲，由互助和仁愛所塑造的人生觀是服務的人生觀。

在民權主義第三講中，說明了這種服務的人生觀的具體作法：「我從前發明過一個道理：就世界人類得之天賦的才能，約可分為三種：一是先知先覺的，二是後知後覺的，三是不知不覺的……要調和三種的人，使之平等，則人人應該以服務為目的，不當以奪取為目的。聰明才力愈大的人，當盡其能力，以服千萬人之務，造千萬人之福；聰明才力略小的人，當盡其能力，以服十百人之務，造十百人之福。所謂：『巧者拙之奴』，就是這個道理。至於全無聰明才力的人，也應該盡一己之能力，以服一人之務，造一人之福。照這樣做去，雖天生人的聰明才力有三種不平等，而人由於服務的道德心發達，必可使之成為平等了。」㉒

這樣，禮運大同篇所記載的理想景象，就能用這種道德心去實踐，以達到人類在政治社會上進化的目的。

本來，在中國儒家傳統中，「太平世」的理想是由大學中的修、齊、治、平的漸進原則的具體設計來抵達的。修、齊、治、平的作法，無論站在那一個角度去看，都發自互助和仁愛的道德心，都成於服務人生觀的心靈；像孟子講的人倫，君臣指謂著社會中職位上的從屬；父母、夫婦、兄弟都是家庭的結構，由此可見齊家的重要性；朋友也就是人際關係最寬廣的統稱，包括了羣己關係；其整個性善說所依據的四端，也都是道德心所支持的仁愛行為。

從進化形式的物質進化、物種進化、人類進化、到進化內容的從物到獸、從獸到人、從人到神，再加上進化原則從競爭到互助的突破，也就構成三民主義進化理論內涵的本質。這本質發現

㉒ 國父著「民權主義」第三講，國父全集第一册一〇四——一〇五頁。

出來的現象，就是具體社會的太平世的描述：

無論國父　孫中山先生的「孫文學說」，或是先總統　蔣公的「育樂兩篇補述」，都在指示着未來理想社會的藍圖，這藍圖就是：

「大道之行也，天下爲公，選賢與能，講信修睦；故人不獨親其親，不獨子其子；使老有所終，壯有所用，幼有所長，矜寡孤獨廢疾者皆有所養；男有分，女有歸；貨惡其棄於地也，不必藏於己；力惡其不出於身也，不必爲己；是故謀閉而不興，盜竊亂賊而不作，故外戶而不閉，是謂大同。」㉓

因而，三民主義進化理論的內涵，在個人本體的動態考察上，是要一步步地擺脫獸性，發展人性，企求神性；在整個社會的描述上，就是「太平世」中理想的人際關係；而這種終極的人際關係是由修身、齊家、治國的漸進原則來抵達的。

「太平世」的描述是超乎了國界、民族界，而在「天下爲公」的原則下，進入「大同世界」的世界主義的「博愛」之中。

在國父　孫中山先生對天下爲公、世界大同的描繪中，加入了基督宗教的「爾旨得成，在地若天」的理想；如此，政治社會的終極進化，必然是在「人」性向上之道的發展，從人性發展到神性；同時亦是「神」性向下之道中的降凡，終至抵達哲學整體的「天人合一」的境界。唯有在

㉓ 禮記，禮運第九。

「天人合一」的境界中，人性才算進化到了極限，社會才會發展到太平世。

第三部份　當代意義

在三民主義進化理論的內在涵義中，我們窺探了進化終極目標：一方面是歷史哲學對人類社會未來的憧憬，另方面是社會哲學對人際關係的理想；這就是「太平世」以及地上天國的描寫。同時，我們也強調了進化的根本原則，即是互助，並且是以仁愛爲基礎的互助。

因而，站在進化的內在涵義來看，人的前段歷史，是否能用科學的觀察和實證，證明出人是由猿猴變的，已是不甚重要的課題。科學實驗什麼時候能提供出猴子變人，或是毛毛蟲變猴子，我們亦就相信物種進化。但是，人類進化就不同，對人類遠景的憧憬，用不着科學實證，同時亦無法用科學去證明；「太平世」的企望，「互助」的強調，都是人類生活中最根本的課題；人類求生存與禽獸求生存的方式，最大的不同處，就是人類有着對未來的展望，而禽獸總不曉得自己的前途。也就因此，人類求生存，其目的是在指出更高的文化理想：以互助的方法達到太平世。

當然，在整個三民主義講稿中，都在「爭」：六講的民族主義爭民族的獨立，爭民族的平等；六講的民權主義爭民主和自由，爭人民生存的權利；四講的民生主義更是爭，爭人民的生活，爭社會的生存，爭國民的生計，爭羣眾的生命。

這些「爭」的理論如何能說以「互助」爲原則呢？這就要看「爲什麼爭」「爲誰而爭」的目

的問題。一隻沒有小鷄的母鷄，膽子自然很小，但是，牠一旦帶有一羣小鷄，就會勇敢得敢和老鷹打架。這種母鷄式的「爭」，原來是因爲對小鷄的「愛」。「愛」的動機消失，「爭」的行動就無法形成。

在三民主義「爭」的表象下，我們可以很清楚地看到這「愛」的動機，就如：

「夫漢族光復，滿清傾覆，不過祇達到民族主義之一消極目的而已，從此當努力猛進，以達民族主義之積極目的也。積極目的爲何？卽漢族當犧牲其血統、歷史與夫自尊自大之名稱，而與滿、蒙、回、藏之人民相見以誠，合爲一爐而冶之，以成一中華民族之新主義。」㉔

所有的爭，都不是爲自身着想，而是圖利他人；這是互助，這是服務的人生觀。

三民主義進化理論的當代意義，因而可分爲兩個層次來探討：

㈠**本體問題**：近來有些學者一直強調「人本位」的思想，不但提出人性至上的論點，而且把道德規範也看成是人性所決定，人性決定是非善惡；更進一層，以爲愛人就是因爲那人可愛。這種人本主義的思想，原本盛行於歐洲，近年來亦流行在中國，甚至以人本精神來解釋中國全部道統。三民主義進化理論在這裏，提供了「人」不是進化的終站，而是走向「神」的道途；以爲唯有向着神開放，進化才能減少獸性，增多人性，乃至於消滅獸性，發生神性。

達爾文的進化論，以及其它許多西方十九世紀的進化理論，都是以「人」爲進化的終點，祇

㉔ 國父著，文言本「三民主義」，民國八年，國父全集第二册第一五六頁。

在「尋根」的事件上，去找尋人類的祖先，而忽略了「前瞻」的文化設計方面的工作。也因此永遠走不出「競爭」的桎梏，而入於「互助」的堂奧。

「人」還要進步，還要發展，而且是向着神性發展；在三民主義的「視心重於物」的「心物合一論」本體論中，㉕人不但要擺脫獸性，而且要發生神性；這神性是超乎了人性、獸性、物性的。因此，眞正的人文精神，應該是把人性高舉到神性境界；人的完滿意義，也就在於他是否在實踐「從人到神」的進化程序，而最後終於變成神，修成天人合一的主體。

㈡原則問題：因爲「人」的本體不再是封閉的「人」，而是向神開放的，要進化爲「神」的，問題也就在於：如何使人變成神？這是進化第三階段人類進化的核心課題。三民主義進化理論所提出的，有正、反兩方面：正的方面是提倡以仁愛爲基礎的「互助」，反的方面則是批判以仇恨爲基礎的「鬪爭」。

在「社會主義之派別及方法」文中，就指出：

「故達爾文之主張，謂世界僅有強權而無公理，後起學者隨聲附和，絕對以強權爲世界唯一之眞理。我人訴諸良知，自覺未敢贊同，誠以強權雖合於天演之進化，而公理實難泯於天賦之良知。故天演淘汰爲野蠻物質之進化，公理良知實道德文明之進化也。」㉖

㉕ 參閱先總統 蔣公著：「解決共產主義思想與方法的根本問題」，民國四十四年四月，蔣總統集第一九二八頁。

㉖ 國父著：「社會主義之派別及方法」，民國元年十月十一——十三日。國父全集第二八四頁。

又如「實業計劃」結論中亦說：

「卽如後達文而起之哲學家，所發明人類進化之主動力，在於互助，不在於競爭，如其他之動物焉者。故鬪爭之性，乃動物性根之遺傳於人類者，此種獸性，當以早除之爲妙也。」㉗

三民主義進化理論的當代意義，也就在於認同人性發展到神性的境界，這神性落實到政治社會時，就是太平世的來臨，同時亦是「爾旨得成，在地若天」的實現。而爲達成這個目標，則必須擺脫強權，擺脫競爭的獸性，而發展互助、仁愛的人性，等待神性的降臨。

結　語

在三民主義進化理論的探討中，我們肯定了人類進化的遠景，同時認同了抵達此遠景的方法。現在，留下的課題，已不再是理論，而是如何去實踐的問題。

儒家早在先秦時代就提出的「修身、齊家、治國、平天下」的漸進方法，當然不能偏廢，但是，在工商業社會中，人際關係的突變，總是需要新的理解、新的實踐方法，來達到同一的目的。

制度化的社會、制度化的政治、一貫作業的工商業，也需要制度化的東西，來支持「互助」，

㉗ 國父著：「實業計劃」結論，民國十年四月二十五日，國父全集第一册第六五一頁。

來支持「仁愛」的實踐。國父 孫中山先生早就看清了這點，而提倡：

「以宗教補政令的不足」㉘。

本體論上的「從人到神」的進化，社會上的從昇平世到太平世的進化，都需要實踐仁愛互助的原則；但是，仁愛互助絕不祇是理論，而是要求實踐；而且，是實踐在社會具體生活之中。在工商業社會裏，對陌生人的關懷和照顧，才是互助和仁愛的眞精神。除非公德心能充份地表現在社會裏，除非愛人不停留在「愛自己人」，而突破到「愛陌生人」，或者更進一步，到「愛仇人」的地步，否則人類進化就不能算有長足的發展。

因而，進化的啟示，也就在於現實地、具體地、踏實地，參與社會的各項福利事業，一步步地實現「老有所終，壯有所用，幼有所長，矜寡孤獨廢疾者皆有所養」的理想社會；在這理想社會中，做到「人不獨親其親，不獨子其子」，實現「謀閉而不興，盜竊亂賊而不作，外戶而不閉」的情況。

研究三民主義進化理論是一回事，實踐這種進化理論是另一回事。本來，三民主義本身是一種理論；但是，這理論一定要落實到具體生活中，才有意義。三民主義的實踐性，三民主義進化理論的實踐性，才是完成人性，實現人性，進入神聖的關鍵。

㉘ 國父著：「以宗教上之道德補政治所不及」，民國元年九月五日，國父全集第二冊第二六二頁。

國父的宗教信仰

前言

關於宗教的問題，一開始我們就可以問：假如國父　孫中山先生沒有宗教信仰，他還會不會放棄其行醫的高收入，而把生命投注於救國救民的事業中？假如先總統　蔣公沒有虔誠地信仰宗教，他還能不能領導反共？他還能不能艱苦卓絕地建設臺、澎、金、馬？

對於前面的兩個假設的問題，祇要我們參閱　國父在民國元年所發表的言論：

「兄弟數年前，提倡革命，奔走呼號，始終如一，而知革命之眞理也，大半由教會得來。今日中華民國成立，非兄弟之力，乃教會之功。」❶

---

❶ 民國元年（一九一二年）九月五日下午二時，在北京教會歡迎會演講大意，國父全集，中國國民黨中央委員會黨史委員會編訂，中華民國六十二年六月出版，第二冊，第二六二頁。

以及先總統　蔣公在民國四十四年所作的演講：

「我總以爲人生在世，特別是在此反共抗俄與唯物主義戰爭期間，無論你有否宗教信仰，亦無論你對於宗教的觀念如何？但是，我們必須承認宇宙之中，是有一位神在冥冥中爲之主宰的。」❷

就足以獲得解答了。

一個最清楚的事實就是：國父　孫中山先生與先總統　蔣公都是虔誠的基督徒，他倆同時是中國道統的傳人，同時又是接受西洋宗教的知識份子。今天，我們在文化復興聲中，更在自強年的努力中，來談宗教的意義，來看宗教對文化的過去，對文化的未來，究竟會扮演什麼樣的角色，的確有其必要，也有其深遠的意義。

有關　國父的宗教信仰始末，我們可用「二次挫折」、「三次轉變」、「二次蒙難」以及「最後見證」的背景來敍述。

㈠二次挫折：滿淸末年，西方傳教士陸續來華傳道，在　國父故鄉的香山縣，早已有洋人在傳教，「　總理幾歲的時候，一面入村塾讀本國文字，一面又請美國的傳教士教授英文」。❸

❷ 解決共產主義思想與方法的根本問題，蔣總統集，國防研究院、中華大典編印會合作出版，中華民國五十七年三月三版，第一九三一頁。

❸ 鄒魯。中國國民黨史略：民族救星——孫中山先生。

國父十三歲時，隨母往夏威夷，進教會學校，與傳教士接觸日深，一面讀書，一面研習基督教義，進而參加各種教會活動，這事終爲乃兄德彰知悉，斥爲崇洋忘本，斷其學費，促其返國。在這種「文化衝突」的情況中，國父祇好束裝返鄉。

但是，返鄉的挫折尚未平息，又有了第二度的困難，那就是國父在翠亨村折斷了北帝神像的手指，以爲本村破除迷信，觸怒了村民，終被逐離家。

(二)三次轉變：乃兄斷絕了經濟援助以及被逐出鄉里的二次挫折，並沒有使國父氣餒，在離家之後，轉赴香港，入「拔粹書院」讀書，課餘則從區鳳墀長老補習國學，並由後者介紹，結識喜嘉理牧師，並因而重新學習教理，終於一八八四年與好友陸皓東一齊受洗入教。❹

信主之後，就與喜嘉理牧師，經澳門返香山縣傳道；返港後，曾一度願作傳教士，繼又思習法律，最後乃決定學范文正公的「不爲良相，當爲良醫」。❺

在醫學院畢業後，亦曾一度行醫，但國父所診斷的，不但是個人的疾病，而且亦是國家民族的宿疾，於是和陳少白、尤少紈、楊鶴齡、鄭士良、陸皓東等人，共商救國救民大計。❻

從獻身傳道到懸壺濟世，再到獻身革命，其表現的情操祇有一個，亦就是愛世界、愛人類、

❹ 馮自由，革命逸史(二)，商務，民國四十二年臺一版，第十一頁。

❺ 羅香林，國父之大學時代，商務，民國四十三年十月臺增訂一版，第二八頁。

❻ 同❹。

愛國家、愛上帝。

㈢**兩次蒙難**：一八九六年十一月十一日倫敦蒙難， 國父被該地清使館人員誘騙，並企圖偷運回國處刑，而能充分表現宗教情操：「痛心懺悔， 懇切祈禱……一連六、七日，日夜不斷祈禱，愈祈愈切。」終於能心平氣和，想出解救之道。❼

一九〇四年在三藩市登岸時，被保皇黨人運動當地清領事，慫恿美國海關，以亂黨罪名，拒國父登岸，囚於碼頭木屋。 國父懇切祈禱，當地教會亦盡力營救，終能化險為夷，而與當地華僑共商救國大業。❽

㈣**最後的見證**：「一九二五年三月十一日，他病已沉重，知道要離開人世了，他坦然以堅貞的語氣，對圍着病榻的摯友和家人說道：『我是一個耶穌教徒，受上帝使命，來與罪惡之魔宣戰，我死了，也要人知道我是一個基督徒。』到了第二天的上午九時三十分，他便溘然逝世了。」❾「父離世前一日，自證我本是基督徒，與魔鬼奮鬥四十餘年，爾等亦當如是奮鬥，更當信上帝。」❿

從以上簡述的 國父宗教信仰始末事蹟中，我們會提出兩個問題：一是： 國父為什麼擇善

❼ 倫敦被難記，民前十五年（一八九七年），國父全集，同上，第二冊，第一六頁。
❽ 王正中，國父宗教信仰，浸宣出版社，民國六十五年三月十二日，第二二頁。
❾ 李士脫，孫逸仙傳第十章，晚年的境況。
❿ 同上。

固執，歸順了基督宗教？二是：中國文化的未來發展，是否需要宗教，作爲倫理實踐的動機？

若把問題展開來探討，就很容易發現，宗教在中、西文化發展途中，都扮演了非常重要的角色。

一、宗教在「救國主義」中扮演的角色

國父說：「革命之眞理，大半由教會得來」，又說：「中華民國之成立，非兄弟之力，乃教會之功」⑪，可見宗教對 國父的革命事業的影響。這種影響的方式，是有歷史文化的根據的，我們分成三個面向來探討這個問題：

甲、宗教的積極面

(1)**中國方面**：中國文化的發展，首由歷史記載的三皇五帝，像伏羲、神農、燧人、有巢等名字，主要的並不是要記載個人眞實資料，而是在歷史的價值批判中，指出中華民族上古時代的祖先，有着憂患意識，聰明才智高的人，要出來替廣大羣眾服務；神農發明了農耕和醫藥；燧人發明了火，教人熟食；有巢發明居室，給人避風雨。原始人類在求生存的過程中，的確需要先知先覺之士，用思想和愛心，來維持社會秩序，使人類能在荒蠻的世界中，度一個文明的生活。這種憂患意識的伸展，就是堯、舜、禹的禪讓時代，政治在這方面的意義，終於濃縮成「選

---

⑪ 同①。

賢與能」的原則。做領袖的條件是：「賢」，是豐饒的心靈；「能」，是聰明才智高。

可惜的是：這種政治英明、百姓安居的時刻結束在春秋戰國羣雄爭霸的時代，那時候「臣弒君者有之，子弒父者有之」，是一個強欺弱，大吃小的霸道時代。聰明才智高的人，不但沒有用自己的天賦，來造福社會，反而你爭我奪，造成兵荒馬亂、民不聊生的困境。

也就在這種文化沒落聲中，另一些聰明才智高的人，卻利用良知，挺身而出，指點迷津，提出根本解決之道。這就是先秦諸子的哲學，諸子百家的爭鳴，其目的都是在改良時弊，提升人性。道家關心人生存在天地之間，安身立命之道，以爲需要修心養性，需要無爲，對功名利祿應該淡泊和節制。儒家着重人生存在人與人之間，如何相處之道，提出「正名」，提出政治社會最根本的發展結構：修身、齊家、治國、平天下的漸進原則。

孔子周遊列國，設法說服當時諸侯：放棄霸道，而行王道，但是，沒有國君接受他的善意。終於秦始皇統一六國，成爲霸道中之霸。後來，始皇因爲做了皇帝還想做神仙，追求長生不老藥，帶動了後來的煉丹、畫符、算命、看風水，使中國從兩漢，經三國，到魏晉，百姓都墜入於迷信之中。

印度佛學的東來，其意義不在於小乘的「出家」方法，乃在於能把時間分成三度：今生今世、前生前世、來生來世；然後用輪廻報應的鎖鍊把它們連起來，說明前生前世作的孽，今生今世應該受罪，同樣，如果今生今世再造孽，來生來世亦會得到報應。

輪廻報應的觀念，顯然的是用宗教的權威，補足了「修」的動機；兩漢以後的文化沒落，首在於喪失了「皆以修身爲本」的原則，而墜入到「命」的迷妄中。

文化遭受危機，哲學指點迷津，宗教付予行動的動機。

⑵**西洋方面**：西洋文化發源地在地中海沿岸，海洋文化發展了商業，用賣花說花香的人生態度締造了競爭體系，這競爭落實到政治社會中，就形成了對內的奴隸制度，以及對外的殖民政策。在具體的人生中，貴族的特權與奴隸的低賤，形成了強烈的對比；人與人之間的不平等，也達到了最高的極限。

也就在這種只有強權沒有公理的時代中，一些先知先覺之士挺身而出，指點迷津，提出化解之道。柏拉圖的理想國，亞里士多德的倫理學，都在設法從思想的根基上，替宇宙和人生設計出理想的藍圖。

和我國的孔子一樣，柏拉圖也周遊列國，希望當時的城邦肯以「正義」爲依歸；而停止爭霸。可是，當時各國君主也沒有一個肯接納他的見解，仍然沉浸於爭權奪利的幻夢中。

當雅典的政治、文化、軍事、經濟的中心，轉移到羅馬之後，凱撒大帝的霸權慾念，要比亞歷山大大帝更大更深，對內的奴隸制度，以及對外的殖民政策，更形擴大。及至羅馬的版圖併吞了小亞細亞，奴役了希伯來民族之後，才有了改變的可能性。

希伯來是宗教信仰的民族，他們有兩項對人類對世界都有的貢獻；在理論上，以爲人的靈魂是上帝的肖像，因而人人生而平等；在實踐上，主張工作六天休息一天。希伯來人也就由奴隸的身份，把上面二項原則灌輸給羅馬貴族的後代。雖然，羅馬的政治曾經三百年之久，迫害外來的基督宗教，但是，這些希伯來的基督徒，卻能以生命和鮮血，配合着羅馬人不經心丟棄的兒童教育權，終於贏得了宗教信仰的自由。

從基督宗教「博愛」的思想成爲羅馬的立國原則之後，奴隸與殖民的信念就開始淡泊，而代之以與的，是廣揚宗教信仰於普世，人際關係從階級的嚴厲劃分，變成了以「愛」爲基本的原則。

文化遭到危機，哲學指點迷津，宗教出來拯救。

綜合上面中、西兩方的情形，外來的宗教都是支持本身傳統文化，並且發揚傳統文化的根本之道。

乙、宗教的消極面

(1)**中國方面**：中國原始儒、道，有宗教情操，卻沒有嚴謹的宗教制度；佛教東來之後，給中國多少帶進了制度宗教的模式；其中各種廟堂的建立，宗教節日的規定，參拜程序的安排，教士的培養，都有了制度的形式。儒、道、釋的融通，在民間的日常生活中，亦頗能引發宗教情操。像兄弟家鄉客家的習俗：一個人生病了，就請道士來家裏作法，百姓都相信，道士可以驅魔趕鬼，而疾病本身就是「病魔」的作怪；有道士來把鬼趕走，疾病也就痊癒了。若不幸有人逝世了，則請和尚來念經，超度亡魂；民間是相信靈魂不死的；但是，這不死不滅的靈魂並不會作遊魂野鬼，而到了陰間還是和祖先的靈魂團聚，因而，在出喪時，還是由族中長老來誦經念祭文，來主持祭禮；這也就是儒、釋、道三種哲學思想融通的實踐。因爲中國的「家」觀念根深蒂固，佛教的輪廻學說，也就激勵着生人，爲了死後不愧祖先，而有了行善避惡的動機。我們祇要在傳統的家庭擺設中，觀察一位老人，晨昏拿起一柱香，合着眼，捧着手，對着祖先的牌位，反省着自己的過去，關心着自己的後代，立志要光耀祖宗，這樣的一個人，怎麼會不是良好的國民？怎麼會去作奸犯科？

可是，這些理論上的宗教，或是實踐上的情操，由於中、西文化不健康的接觸，⑫而使中國在西化途中，不小心把西洋的糟粕當成寶貝，而墜入唯物、實證、實用、功利的桎梏中，反而以「打倒孔家店」爲首的思潮，切斷了一切通往宗教的道路；「科學至上」的信仰，迫使宗教和道德，退居到極其次要的地位，「宗教迷信」的認定，更是宗教情操沒落的根本原因。

這種宗教情操的沒落，最顯著的，莫過於在愛國情操上的表現，以及對傳統文化的信念。我們用最簡單的語句來表出：國父　孫中山先生領導革命，多少一流的知識份子奉獻了生命和鮮血？其中多少是虔誠的基督教徒？先總統　蔣公領導抗日，亦有十萬青年十萬軍的號召和獻身。

⑫ 中西文化接觸不在先秦和希臘的哲學輝煌時代，不在基督宗教與佛學時代，不在文藝復興與宋明諸子時期，而在於西洋充滿末流思想的十九世紀，與我國滿洲統治中國時代。

當今，在反共聖戰中，從五四的反傳統，從非基同盟的反宗教⑬情操教育出來的這一代知識份子，有多少在貢獻自己的生命和鮮血？或者，說得直截了當一點，有多少竟然有意無意地在爲唯物和共產，作舖路的工作？或者申請綠卡，到新大陸偏安去？

宗教情操的迷失，是道德沒落的先聲，亦是服務犧牲精神消失的原因；更是民族意識喪失的理由。

共產主義原是西洋的產品，但是，其毒素卻沒有毒倒西洋，反而赤化了整個大陸，是否因爲西洋至今仍有宗教制度，而中國既沒有制度宗教，宗教情操又在西化途中遭遇到封殺？

⑵西洋方面：上面所提及的基督宗教對西方文化的貢獻，同時至少還指出了，其當代深植人心的情操以及尚保有的星期天制度，對共產主義的毒素，至少仍有免疫作用。但在十六世紀之後，洋人厭倦了基督宗教中央集權的人生觀，以爲人際關係可以不必用仁愛或博愛的教理來支持，社會現象是強權就是公理的；當時教會本身的制度沒落，教士宗教情操的迷失，加上自然科學的成長，於是導致了在宗教制度上的宗教分裂，在宗教情操上對博愛的懷疑，甚至失掉信心；而在具體生活中，以強權來代替公理，以權術來取代博愛；及至十九世紀，生物進化的學說更助

⑬ 五四是民國八年的運動：是集合反傳統、反道德、反本身宗教的新思潮，非基同盟是民國十一年，反對外來宗教的運動，其詳情參閱 Peter K. Y. Woo, The Anti-Christian Movement of the Chinese Students in 1922, the South Asia Journal of Theology, Vol. 15, No 1, 1973 Singapore, pp. 57-69.

長了競爭和仇恨的心態，不但否定宗教的權威，就是上帝的存在也開始受到懷疑。於是，西洋白種人拋棄了宗教的博愛精神，而回復到比希臘、羅馬，更暴虐的人生觀中：卽是種族歧視。十九世紀的亞洲侵略，非洲殖民，美洲販賣黑奴，都是宗教迷失的明證，沒有重視每一個人（不分種族、不分膚色）的靈魂，都是上帝肖像，以及工作六天休息一天的誡命。西洋文化在希臘羅馬時代的階級劃分，其貴族、平民、奴隸，原由競爭的成敗而來，奴隸仍然有獲得自由之機會，而十九世紀的種族歧視，則命定在膚色之中，黑人要如何才能變成白人？西洋基督宗教制度來臨之前的人類命運，本已够壞，但在基督宗教情操沒落之後，就更形惡化了。宗教的沒落，倫理道德隨之沒落，人際關係以及國際關係，也就眞正走進只有強權而沒有公理的桎梏中。

丙、宗教的再度積極面

面對西洋十九世紀的奴隸制度和殖民政策，面對支持這制度和政策的唯物、共產、實用、實證、功利、進化等學說，西洋本身在二十世紀有了覺醒的跡象，那就是西方的上帝並沒有遺棄西洋，而在一八五九年同一年中，給西洋送來了三位先知，德國的胡塞爾，法國的柏格森，美國的杜威。而這三位學者在二十世紀初年，都同時進入了不惑之年，也同時在自己母語體系中，作指點迷津的工作。胡塞爾的現象學，用德文破了馬克斯的唯物根本；柏格森的生命哲學，用法文修正了孔德的實證主義；杜威的工具主義，用英文補足了實用主義的不足。此外，生長在法國、求學在歐洲、工作在中國、退休居美國的地質學家德白進，在其科學的、哲學的、神學的學術背景中，大大地修改了達爾文的進化論。西洋二十世紀的學術，包容了宗教、道德，而修正了十九世紀的偏差；在各有名的大學中，神學院仍爲各學院之首；在社會生活中，教堂仍然擔負着社會倫理教育的任務。關於後者，極可能就是上面提及的難題「爲何共產主義源自西方，而西方沒有受其毒化，反而毒害了中國」的答案。

在中國當今情勢看來，臺省的宗教自由，不也是大陸共產政權迫害宗教，強有力的對比嗎？國父 孫中山先生的「以宗教補政令的不足」，以及先總統 蔣公的「人生不可須臾無宗教信仰」，也正是指出宗教的積極面。

二、宗教在「中國道統、西洋精華」中的意義

國父思想無論 國父自己或是先總統 蔣公的研究，都以「中國道統」、「西洋精華」、「自己創見」來表出。[14]許多研究三民主義的學者，在這方面的研究和發揮，大體上都以中國倫理道德，西洋民主法治，知難行易以及五權憲法等名目，來界定其中內涵；而且，在有意無意間，擯棄了 國父的宗教信仰部份[15]。

[14] 國父：三民主義之具體辦法，國父全集，同上，第二册，第四〇五——四〇六頁。先總統：三民主義之體系及其實行程序，蔣總統集，同上，第一一三八頁。

[15] 參閱傳啓學：中山思想本義，三民主義理論叢書之十二，國父遺教研究會編印，民國六十五年三月三十日，第六——二一頁；又田桂林，國父思想體系，憲政論壇社，民國六十五年六月修訂再版，第九——二四頁；易蘇民編：國父思想通論，昌言出版社，民國六十五年八月修訂版，第四六——四九頁等。

在這裏，我們用兩個面向來探討這個問題：

甲、基督宗教的本質

凡是對西洋宗教哲學，或是神學有研究的人，都知道「世界主義」是基督宗教的學理，而爲了要達到這世界主義的目標，所必需的過程和方法，都奠定在「博愛」二字中。早在基督宗教前身的舊約，摩西十誡的理解，亦是上「愛」上帝（前三誡），下「愛」衆人（後七誡）。⑯這與中國的「博愛之謂仁」，而「孝悌仁之本」，以及大學之道的修、齊、治、平的原理，完全符合。在世界觀的最終表出中，中國傳統的「平天下」，與基督宗教「世界主義」，原是同一的政治社會的目標，而其方法濃縮到最後，也就可以用「博愛」來表現。也正如「每一種主義都有一種哲學思想做基礎——三民主義的哲學基礎是民生哲學——仁愛是民生的基礎」⑰一般，國父的學術基礎、革命基礎、政治社會建設基礎，都奠定在一個「愛」字之上。

因而，國父所題的「博愛」，是涵蓋了基督宗教的本質，涵蓋了中國道統的本質，而作爲三民主義的最終基礎。

在「太平世」作爲人類共同生活的終極設計中，國父特別指出，這種由孔子所主張的「天下爲公」，亦即是基督的「爾旨得成，在地若天」⑱，二者都以「博愛」爲道途。也就因此，

---

⑯參閱馬太福音第二十二章第三十六——四〇節。
⑰戴季陶：孫文主義之哲學的基礎，三民主義哲學論文集，中央文物供應社印行，民國六十七年五月二十日出版，第二一頁。
⑱孫文學說第四章，國父全集，同上，第一册，第四五五頁。

當　國父修正和補足達爾文的進化論時，特別強調了「人類進化」的階段，而這階段則是「從人到神」的進化，是要人「減少獸性，增多人性」，直至「消滅獸性，產生神性」。⑲這種人性的神性化，才是人類進化的最終目標；顯然的，這同時是科學的，（因爲前面的前提，是生物進化的由物到獸，由獸到人），但更是宗教的（因爲「神性」的企求，無疑地已超乎了人性。）先總統蔣公在「解決共產主義思想與方法的根本問題」中，顯然地作了「中國道統」與「基督宗教」合璧的工作，用以對付唯物共產。他以爲「天人合一」的「天」就等於「上帝」，而進化之伊始的「太極」，也指的是「上帝」；同時，特別指出中國哲學的精神，是「天人合一」的「尊神論」，而且是「視心重於物」的「心物合一論」。⑳

在「仁愛爲基礎的三民主義學說中，因而提示的「西洋精華」，不在於西洋的「民主」和「法治」（這在中國傳統文化中亦有），而是在於基督宗教的信仰「以宗教補政令之不足」就是最好的理解；民主和法治的政令，是需要國民的宗教心靈來支持的；守法的精神不在於法律，乃在於守法者的心靈修養。中國早在春秋時代，就已經看出這點。「道之以政，齊之以刑，民免而無恥；道之以德，齊之以禮，有恥且格」㉑。這是以道德補政令之不足的主張，但是在道德動機迷

---

⑲ 同上第二册第五四四頁。
⑳ 蔣總統集，同上第一九二八頁。
㉑ 論語；爲政篇。

失的今天，也唯有宗教可作爲道德行爲的動機了。

乙、「博愛」在人際關係中的民生基礎

人際關係的開展，站在三民義主的思想上來看，就是人類進化階段中所當爲的課題，因爲人類進化是指的「從人到神」的轉變，而神的本質是「愛」㉒。國父所提出的「人類進化以互助爲原則」，這互助的行爲根本，仍然是發自愛心，絕不可能由恨所滋養，亦不可能由競爭所啟發的。

「仁」是中國先秦哲學最高概念，而「博愛之謂仁」，在論語的理解中，推己及人，「敎不倦」、「仁者愛人」都是指的人際關係。在人際關係的五倫中，無論是上層的君臣，或是下層的朋友，或是以家爲中心的中層的父子、夫婦、兄弟，亦都是用「仁」來表示其完美；即「仁」者本身就包含了獨善其身的「君子」，以及兼善天下的「聖人」。

「聖人」原就是內心充滿憂患意識，肯用自己天賦的智慧，替生靈開拓出生命道途的人。古代伏羲、神農、燧人、有巢等人的發明，莫不是解決人民之生活問題：衣、食、住、行等必需，以及娛樂的育、樂。要改善人類生活，尤其是要使人類戰勝自然的荒蠻，能駕御在禽獸之上，而展示出「人爲萬物之靈」的事實，就必須各盡所能，聰明才智高的人，要利用自己的天賦，出來服務人羣：大聰明的，服萬千人之務；小聰明的，服百十人之務；愚笨的，替自己服務；㉓這顯

㉒ 約翰前書第四章第八節。

㉓ 民權主義第三講，國父全集，同上，第一冊，第一〇四——一〇五頁。

然就是互助的原理；而這種「互助」的實行，端賴聰明才智的人有愛心，肯出來服務；而不是利用自己的天賦，來奴役別人，來佔別人的便宜。因而，發自愛心的互助，不是競爭的，更不是搞權術或懷有恨意敵意的。儒家的「仁民愛物」，把這種無私的愛，擴展到天地萬物之中；其原始的「萬物之靈」，或是「人定勝天」的自豪，絕不是指的可以漫無節制地利用資源，或是汚染環境；而是在生命情調中，自覺到「用物」祇是爲了生存，因而要在淡泊中度精神生活，甚至，「用物」是爲了「愛人」，而絕不是發明武器去征服別人，或用來控制別人。

中國道統的信念，或是基督宗教的信念（可不是西方當代的法治信念），都在指出：民生的根本在於仁愛的實踐，在於互助的精神；人類進化就是要超脫弱肉強食的獸性，甚至消滅競爭的獸性，而產生博愛的神性。在 國父融中西於一爐的思想中，「世界大同」、「天人合一」、「爾旨得成，在地若天」，都是人類進化的最終歸宿；而要達成這目標，最好的方法就是「博愛」。

三、以宗教補政令之不足

在民主和法治的社會中，多數決是政令的原則，但是無可諱言的，多數決的基本信念和基本預設，是每一個個人都同樣聰明，都對事情有足够深度的看法；但是，人生來智愚不等，卻也是事實。因而在政治上，有寡頭政治、有民主政治的最大區別。讓聰明才智高的人來統治呢？還是讓所有的人，以「量」的多寡來決定大家的命運？但是，也就站在天生智愚不等的立場上，服務的人生觀，才是唯一能消除弱肉強食現象的；如果聰明才智高的人，不肯像三皇五帝般地犧牲自己、服務人羣，而是向西洋古代的奧林匹克學習，或是向春秋戰國時代的霸業學習，那就形成了西洋十九世紀思想末流的弱肉強食了。

要使強者不欺侮弱者，要使大的不吞併小的，道德生活是必需的；要使競爭的獸性減少，就必須增多人性；要消滅獸性，就要發生神性。在這裏，如果把人性的修成，歸屬於道德生活的話，則神性的發生和成長，就應歸屬於宗教情操。在人性自覺到自身尊嚴和價值時，道德生活也就不難產生，亦就是說：一位君子要行道德，本就不甚困難；但是，問題在於，世界上除了君子之外，尚有小人；如何讓小人肯修身，變成君子？如何讓小人肯助人，變成聖人？君子行善可以不欲人知，可以不談報酬；但是，小人也肯這樣做嗎？小人肯吃虧嗎？於是，「報應」的觀念，總是在道德所不及的地方，表現出其補足的能力。

民國元年　國父對北京基督徒聯歡會演講詞中，提出了：

「國家政治之進行，全賴宗教以補助其不及……兄弟希望大眾以宗教上之道德，補政治之所不及。」㉔

進行政治，無論是民主法治，或是其它政體，宗教的賞罰報應觀念，都是需要的；因為刑法可以使人民不犯法，但是，卻無法使人擁有犧牲服務的精神；法律可以規定人不可以推小孩子下

㉔ 同❶。

井，但是，若小孩子快要掉下井去了，法律可無法規定「見死不救」爲犯罪行爲。法律祇管到人的外在行爲，而無法深入人心，去掌握他的良知良能；政治最多可以做到「己所不欲，勿施於人」的消極層面，可是要使人做出「己之所欲，必施於人」的積極人生，就必須超乎「正義」，而用宗教的「博愛」來作動機；在這裏，宗教的道德，也正是補政治所不及的地方。

民國元年，國父在「宗教與政治」中說：

「今幸有西方教士爲先覺，以開導吾國，惟願將來全國皆欽崇至尊全能之宗教，以補民國政令之不逮。」㉕在這裏，國父很淸楚地指出：基督宗教才是補民國政令之不足的宗敎。

在上面文化史的探討中，無論中、西，我們都舉出了同樣的結論，即是：文化遭遇危機，哲學（包括倫理道德）出來指點迷津，提出化解之道；但是，哲學本身（包括倫理道德）卻無法實踐這化解之道，眞正能從理論導引上實踐的，還是宗教信仰；西洋的基督宗教如此，中國的佛教亦如此。現在，國父提出了以基督宗教來補民國政令之不逮，原就是在民國民主和法治的設計中，缺少行善避惡的有效動機（當然，倫理道德是動機，這動機若無法導引出實踐時，就唯有宗教可以補足）。

原來，人類的心靈原就是傾向宗教的報應觀念的。有次與一位法官朋友，談及我國法院宣誓的方式，並不像西洋手按聖經，在上帝面前宣誓，而是作一「具結」，亦即是以法律作爲法律的

㉕ 宗教與政治，國父全集，同上，第二册，第三三一頁。

依據，而不是以上帝作爲最終的判準。我當時以爲這種作法效果不大，對做假證的人沒有良心的束縛，建議如果把具結改成宣誓，而宣誓的方式分兩種：老年人爲：「如果撒謊，就斷子絕孫！」這種方式也許對年輕人不管用，年輕的一輩就用「如果我撒謊，就沒有前途！」那位朋友笑着說：「這是宗教上的事，現代人已經把它當成迷信了，還管用嗎？」我說：「你不妨試試看，看宗教是否過時了。你在過年時，給朋友的小孩紅包，裏面不要放新臺幣，而改放一張冥紙，看你的朋友是否會跟你絕交？不然，一位當代貿易大師，是否可用『分享顧客』或是「多買多送」的原則，告訴棺材店的老闆，在門口應掛上『買一送一』，或是『買大送小』的牌子，以招徠顧客？」

原來，人性的完美原就是對物、對人、對天三方面的平衡發展：過於發展對物的自然科學，會造成戰爭以及環境汚染，或是生態危機，這點早在世界大戰之後，就由先知先覺的人指出了；而當代人每個都直接感受到自然科學對人類生存的威脅。解決這難題的方法，就是以人爲中心的人道主義，以「用物」完全是爲了「愛人」、「人」才是用物的尺度；因而，自然科學只應爲人服務，而絕不是反過來，威脅人類的生存。但是，問題並沒有解決，那就是「愛人」的動機是什麼？是否因爲「人」很完美？是否因爲「人」值得我去愛？「人」是否有存在的基礎？「人」是否道德的準則？在現實人生中，人的確不是完美的，它不可能是愛的終極對象；要愛那不完美的對象，必須有更高的動機，像「施捨得富貴報」、「貪財得貧窮報」、「人的靈魂是上帝的肖像」、「四海之內皆兄弟也」等等。耶穌基督「愛」的誡命，佛教的輪廻報應，都是宗教的動機，使人能在內心擁有行善遷惡的意念，也使人能够在社會生活中，左手行了善，而不讓右手知道，所謂行陰德是也。對來生來世的信念，原是宗敎對靈魂不死不滅的信仰。以來生來世的永恒和無限，卽是「在永恒形相之下」來界定「人與物」以及「人與人」之間的規範。

結　語

國父　孫中山先生的宗敎信仰，是其革命的心靈基礎，在中國現代史中，三民主義創始人，以及三民主義最重要的繼承人——先總統　蔣公，都是虔誠的基督徒。基督宗敎文化原是外來的，正如隋唐時期的佛學等文化一般，但是，中國儒道畢竟消融了佛敎，而使後者成爲中國文化之部份。同樣，國父　孫中山先生和先總統　蔣公，也在把基督宗敎消融在中國文化當中。

國父心中的宗敎，是倫理道德實踐的動機，是人類進化、從人性走向神性的機構，是中國道統「服務人生觀」之行爲動機，是西洋「人人平等」、「博愛」的基礎；宗敎不是造反、製造紛亂、毆打憲警的暴亂集團，宗敎亦不是歛財騙色的團體；卻是救人淑世的機構。宗敎信徒是捨己爲人的，是愛國家、愛民族的；他們可以沒有非常聰明的頭腦，但是卻有非常豐富的心靈，充滿愛心。中國的宗敎信徒，也必定效法　國父以及　先總統的愛國情操，做虔誠的信徒，同時繼承並發揚中國道統；同時是基督徒，同時又是三民主義的信徒。

這樣，主義是一種思想，是一種信仰，是一種力量㉖；而且，從思想變成信仰，由信仰產生力量，這力量就是支持當今的中國自立自強，文化復興，引導世界大同的動力。

㉖ 民族主義第一講，國父全集，同上，第一冊，第一頁。

從哲學的立場看——三民主義思想中的中西合璧

「三民主義是救國主義」，因而其思想呈現出最具體的部份，也就是政治的、社會的改革思想；而在哲學探討根本的問題上着眼，則會思考出其所以改革，所以要貫徹改革方針的最終理由。

國父　孫中山先生創立三民主義的時代，正是中西文化交流中，中國士大夫開始意識到事態的嚴重，而設法以種種手段「救國」、學習西洋的「船堅礮利」的時代。五四運動那一年，也正是國父出版三民主義文言文版的同一年。如果說五四運動最大的後遺症是「打倒孔家店」，如果說五四運動叫的「賽先生」和「德先生」，並沒如期地來到中國，而不速之客卻是對傳統的不經心，甚或蔑視的話，則三民主義的那種繼承「堯舜禹湯文武周公孔子」道統的精神，恰好與之對立；如果不說對立，至少該說是補足了五四文化運動的不足。

熟讀民國十三年出版的三民主義講稿，字裏行間，無論怎麼去看，都會覺察出「競爭」的味道：爲民族爭生存，爲百姓爭平等，爲國家爭自由。國父自己也把民族、民權、民生比擬爲美國的民有、民治、民享。西洋文化中「競爭」的成份，貫穿了整個的三民主義體系。

可是，在另一方面，尤其是在民族革命的篇章中，提出了漢族推翻滿清的權利，但立刻又指出了漢族在獲得政權後的義務，那就是：「漢族犧牲其血統、歷史、自尊；而與滿、蒙、回、藏相見以誠，合爲一爐而冶之，以成一中華民族之新主義。」（民國八年文言本三民主義）。顯然的，整個三民主義的體系，是由「競爭」，甚至革命而「奪得」，但是，所不同的，就是取得政權之後，並不像西洋傳統的方式，自己做起盟主，而把別人當作殖民，當作奴隸；而是反過來，要自動地與別人平等相處。這種思想，顯然的是中國傳統中的「世界大同」，「天下爲公」的政治理想。先總統　蔣公在「育樂補述」中，提出了禮運大同篇的意義，也就在於指出，三民主義在繼承中國道統上最精華部份。

國父思想的「中國道統、西洋精華、自己創見」，都能在「競爭」、「仁愛」，以及如何使競爭和仁愛融爲一爐的技術上，看得出其思想架構。

在這篇短文中，筆者試就在文化發展的課題上，對三民主義學說的前因後果，規劃出一個輪廓，展示其在目前中西文化交流中所扮演的角色，不但設法討論根源的方式，指出其思想源流已符合了中西文化交融焦點上，所展現出來的座標和定位，而且還要爲世界未來的政治和社會理想，指出一條當行與可行的方向。

因此，本文分成三大部份：第一部份從史的發展方面着手，刻劃出中西政治哲學思想中的核心課題；一方面指出中西文化發展相異的地方，另一方面提出哲學家（必然同時又是政治的設計者），在文化衰退時所提出的呼籲，許多都是中西不約而同的學說。在哲學思想與哲學思想相遇的座標上，眞正顯示着人性在追求幸福和快樂，所草擬的方案，以及爲這些方案所作的努力，甚至所付出的代價。

第二部份設法指出三民主義的政治哲學中，其思想基礎，如何能在動盪不安的時局下，沒走五四的路子，而在「打倒孔家店」聲中，單獨肩負起「傳承道統」的使命；但是，他方面又必須學習西化的改革運動，要與列強「爭自由」「論平等」。三民主義在中西文化接觸中，的確擔負了非常重大的責任，我們試着探討其在西化過程中的各種主張。

第三部份算是本文的目標所指，意即在各種比較政治哲學的探討中，如何體認出這種「合」競爭與仁愛，「融」中西爲一爐的三民主義政治理想，才是世界未來當行與可行之道。中西未來展望的問題，的確是關心世事、關心國事的仁人志士所朝夕思考的課題。個人的尊嚴和價值的肯定或否定，被尊重或被侮蔑，都繫於世界未來的政治型態，而政治型態的選擇，又在於政治哲學家站在人性、人道、人道主義的立場，去設計出「上不愧對天、下不愧對地、中不愧對人」的政治體系，以及使每個人都生活得快樂、更快樂、甚至最快樂的情況中的社會體制。

現就請依序論述思想的進程：

一、中西思想發展中心的核心課題

一個人生存在天和地之間，生活在人與人之間，總會發生許多問題，但是，在所有問題當中，最迫切，也最實際的問題，便是「如何活下去」的課題。在「如何活下去」的問題上，人類從抽象的「智慧人」，走向了具體的「工匠人」。工具的發明，使人類成為「萬物之靈」，也同時把自然世界，改造成人文世界。隨着經驗的累積，以及天才的誕生，人文世界在不斷地發展和進步；從茹毛飲血，到漢滿全席，從雙腳走路到登陸月球。可是，當人類在生活的發展中，由生活必需進展到生活娛樂時，就會漸漸意識到思想的本身，它會在「如何活下去」的問題之上，加上「為什麼生活」的深度課題。

「為什麼」的問題，正式揭開了哲學的序幕，因為祇有它，才能夠有系統地排列各種事物的次序，也唯有它才能夠領導人類，在自身的思言行為上，知所先後。「為什麼」的問題，催生了「人生目的」各式各樣的答案；也就因為有了「目的」，因而又催生了達到目的的「方法」。各種「方法」的設計，於是分辨了各種哲學型態的相異；在抽象的原則上，興起了各種哲學派系，但是，在具體的實行上，卻落實到政治社會的各種措施中。於是，人生觀、宇宙觀，在一個文明的社會中，總是不可或缺的生活因素，而且是基本的因素。

以上提出了人性在生活中，發展思想的普遍性與統一性；但是，因了地域環境的不同，因了時間因素的差距，文化與文明的發生，在目的上雖可有類似的設計，而方法的運用上，則很可能就大異其趣。於是，在談哲學、談文化的根本課題時，不能完全撇開時間與空間兩種因素；也就因此，在文化史或哲學史的研討上，關於空間的差距總得分中、西；關於時間的相隔，也得用先、後。這末一來，這第一部份的史的發展探討，就名正言順地分成下面兩章：中國思想發展中的核心課題，與西洋思想發展中的核心課題。❶

㈠ 中國思想發展中的核心課題

中國文化發源在東亞的平原上，其發展的型態很快從遊牧民族過渡到農耕社會。「以農立國」的歷史事實，不但能揭示這民族的定居時間悠久，而且亦暴露了其人生哲學不同於其它遊牧民族（像希伯來），或是商業文化（像希臘、羅馬）的定案。

農業社會中，人民的生活一方面「靠天」的風調雨順，一方面靠政治、社會制度的國泰民安。這種「自然」與「人爲」的兩種因素，不但催生了文明的發生和文化的發展，而且提示了哲學思考的最原始動向：「如何生存」在天和地之間？「如何生活」在人與人之間？

原始哲學思想的這兩個面向，催生了原始道家和儒家：前者考慮一個人生在自然之中，如何

❶ 在這裏祇分中、西兩方的理由，是把印度的宗教精神歸入於中國隋唐，而把希伯來的宗教情操併入西洋的中世。

與自然取得和諧；後者則提示出一個人生活在人際關係中，如何以仁愛和互助，共同來締造幸福和快樂的人生。

從儒、道二家主流思想，在哲學的自由思想發揮中，產生了諸子百家，紛紛提出對宇宙和對人生的看法。

雖然，在哲學的分派上，呈現着對立的局面，可是由於人性原始心態的「風調雨順」以及「國泰民安」，文化的漸次傳遞，也就形成了「禮讓」爲表象的一種文化模式。

可是，「禮讓」的表象，無論是道家的「無爲」，或是儒家的「垂衣裳而天下治」，在本質的努力上仍然是最高的「有爲」。這「有爲」的原理原則，落實到具體的政治、社會生活中，無論是道家的「物我合一」，或者是儒家的「天人合一」，都必須經過個人窮畢生的努力，才能抵達；於是，中國古代政治、社會哲學中所擬定的人生理想，以及抵達此理想的方法，就是大學中的「修身、齊家、治國、平天下」。顯然的，「平天下」的理想是屬於世界主義，這世界主義的藍圖刻劃得最深刻的，就是禮運大同篇。大同篇不但指出了人性生存在世界上最終的目標，是在締造「天下爲公」，「世界大同」的理想，而且還提出了達到此理想的步趨，那就是「三世」的進階，從據亂世到昇平世，再從昇平世到太平世。「三世」中各別的人際關係，人與物、人與國家社會的關係，都描繪得清晰明瞭。當然，這種「天下爲公」的目標，到最後還是歸結到「皆以修身爲本」的基本原理原則中。

個人、家庭、國家、世界，是中國古代政治理想的核心問題所繫，四者必須同是健全完美的，才能達到「天下平」的人生理想；而且，個人在努力上又必須有先後之分：先修身，然後齊家，然後治國，最後才平天下；次序不能更改，先後不能倒置，所謂「知所先後，則近道矣」。

這種以「修身」爲本的文化大系，以個人獨善其身的「君子」，以致於達到兼善天下的「聖人」，都在發展着哲學上人性的最高峯——「仁」。「仁」指出了人性生存在自然之中的「物我相忘」，以達到「天地與我並生，萬物與我爲一」的心境；「仁」更證實了人性的超越能力，而能在人際關係中，完成「天人合一」的境界。

秦漢的煉丹畫符淡忘了「修身」的根本原理，可是佛學的東來，以輪廻所貫穿的三度時間：前生前世、今生今世、來生來世，又掀起了「修」的高潮，而提出修身之後的正果——「涅槃」，作爲人性的最終歸宿。

「仁」和「涅槃」好比兩隻翅膀，帶領着中國文化往前推進；因而，在中國文化傳遞中，禮讓與大慈大悲，陶冶了中國的民族性。

蒙古人入主中原，但被漢族文化所同化；滿洲人統治中國，亦被漢人所同化。就在滿人利用種種方法，弱化中華民族時，英國人在印度種的鴉片，恰好應時入輸中土，使中國舉國上下都在吸毒的頹唐之中。

當然，如果太陽之下、地球之上，祇有中國，祇有中華民族，抽鴉片、頹喪，又有什麼關係？但是，喜馬拉雅山的那一邊卻有另一種民族，另一種文化體系的存在；如果他們不講禮讓，而談競爭，如果他們不談慈悲，而論強權；中國的命運就遭到難題了。

果然，西洋的堅甲利兵，眞的在滿清末年，打到中國來了。

(二) 西洋思想發展中的核心課題

我們暫且放下西洋列強侵略中國的事件，而先以哲學正本清源的方式，看看喜馬拉雅山的西邊民族發展的情形：

西洋文化始自海島，海島的捕魚和經商陶冶了西方民族性的根本：競爭。賣花說花香的人際關係，絕不會催生出像「貴姓？」「府上？」或是「小姓」「小地方」等對話的形式，而是直接產下了「奧林匹克」精神；當競爭的心態，一旦落實到具體的政治、社會制度之上時，奴隸制度、殖民政策，於是應運而生。人際關係的奴隸制度，以及國際關係的殖民政策，和西方歷史的心態，都在於歌頌強權爲是，像亞歷山大大帝、凱撒大帝、拿破崙大帝等，都被奉爲「大帝」。而

當然，中國傳統家庭中亦有傭人，中國歷史發展中亦有藩屬；但是，傭人不是奴隸；藩屬亦非殖民地；中國向來把傭人當「人」，把藩屬當「國」；從沒有把傭人牽到市場去販賣，也沒有到藩屬去抓奴隸回來工作。

希伯來民族的信仰，雖曾一度長時期的陶冶了西洋，以「靈魂爲上帝的肖像」爲由，申述了「人人平等」的信念，又以「工作六天，休息一天」的方式，拯救了奴隸的苦難，但是，中世紀

的文藝復興和啟蒙運動的復古，不但輕易地拋棄了基督的仁愛文化，而是恢復了奧林匹克的教育，再次推動奴隸制度以及殖民政策；這種制度和政策，到十九世紀時，竟發展到了峯頂，在美洲販賣黑奴，在亞洲瓜分中國，都成了白種人在人際關係中，在國際關係中，想獨霸世界，想奴役有色人種；而其十九世紀的哲學，不但沒有肩負起救亡圖存的責任，而且還變本加厲，提出了唯物、實證、實用、功利、進化、共產等邪說，來支持奴隸和殖民的野心。

(三) 中西文化交往中出現的課題

中國先秦的輝煌時代，諸子救人淑世的思想，並沒有與希臘諸哲取得聯繫；西洋中世的基督宗教仁愛精神，亦沒有和佛學的教義共商宗教情操，甚至，宋明理學的宇宙設計亦沒有與西洋科學足夠的接觸，而在中國國運至衰的清末，以及西洋文化最低潮的時候，雙方開始了文化交流，而且又在城下之盟的情況下，又在次殖民地的待遇中，達成的各項協議。

中國近百年來的思想，首在挽救中國被瓜分、被呑噬的命運；士大夫的各種設計，都展現在各種運動改革之提案中。

改革運動分成對內和對外兩種因素的思考：對內方面，檢討中國之所以衰弱的最終理由，對外方面，探討中國如何向西洋學習，如何以船堅礮利來抵抗洋人的侵略。

於是，透過對現狀的檢討，而進入到事態的核心，以功利的、實用的哲學思想，去衡量數千年的文化傳統；於是，「西化」是唯一的道路，於是，要西化必須先「打倒孔家店」，在忿激的改革聲中，叫喊得最響亮的，莫過於「五四運動」。當然，「五四」確實是愛國運動，參加五四的知識份子，也眞的肯犧牲自己，而爲救國家、救民族貢獻自己知識，甚至捨生致命，亦在所不惜。但是，因爲改革課題的核心，並沒有達到預期的效果；也就是說，西洋的「賽先生」和「德先生」，並沒有直接東來中土，而中國傳統文化的存續問題，倒成了革新的第一課題。這課題所引導出來的「新人生觀論戰」，「文化論戰」等等，都在爲「打倒孔家店」的結果作了催生的工作。

以「五四」爲中心的改革運動，結果是西化未成，卻拋棄了中國固有文化；西化的船堅礮利未成，卻學得了西洋思想末流中的功利、實用；更有甚者，學得了進化、唯物、共產，終於引發了赤潮的泛濫，而成爲華夏兒女莫之能禦的空前大災；大陸的河山變色，不能不說是中西文化交流中，至重至大，窮兇極惡的效果。

在西方的月亮比較圓的媚外崇洋心態下，鑄造了知識份子從未受過的誘惑，而不少人都在實用和功利的教育成果下，拋棄了原有的德目，而變成了自私的、有奶便是娘的二十世紀後半期的怪現象。士大夫的失節，導致百姓的徬徨無主，加上傳統的光耀門楣的思想流毒，而帶動了人才外流的嚴重現象。

在西洋十九世紀後半期的實用、功利的人生哲學影響下，中國這一代，幾乎每一個人都在受到感染，無人倖免。往昔，國父 孫中山先生振臂一呼，就有許多仁人志士誓死參加革命的豪情，

或是先總統　蔣公所領導的抗日聖戰，先烈亦毫不顧惜地壯烈成仁的志節，現在似乎已不存在。

因而，中西文化交流中的核心課題，是每一個中國人，在建立自己的人生觀時，無法把握從修身到齊家、從齊家到治國、從治國到平天下的一貫理想，更無法有天下爲公、世界大同的政治遠見，而整個教育的方向，從初中開始，就花費了一半以上的時間，去學洋文、學數理，學得生財之道與個人求生本能，而再也不注重國家民族命脈的遠大目標。

若說中國傳統中，「家」中心的流弊，使中國整體上成了一盤散沙的話，則五四之後的功利教育所形成的，更成了散沙，既沒有國的概念，也沒有家的印象，而都製造成「獨立的個人」。這個個人可以用自由主義的美名「離家」「出國」，甚至可以移民、變籍。

當然，上面指出了悲慘的現象，而眞正的本體問題卻不在於病態的現象上，而是要回到問題的中心，問及中西交往的眞正主題是什麼。

西洋文化的發展，由希臘羅馬的「競爭」（前後不過九百年），然後卻由希伯來的宗教情操「仁愛」（至少有一千二百年）所超度，而引發了「法治」的信念。「法治」因而是西洋二十世紀，針對十九世紀後半期末流思想，痛定思痛之後的產品。「競爭」和「仁愛」的混合，而產生了「法治」。那末，問題在於：「禮讓」與「競爭」的結合，應該產生什麼樣的一種新文化？

我們且先看看，「競爭」文化與「仁愛」文化的本質。希臘羅馬的奧林匹克精神，主要的在講求強權，以強者爲一切的尺度；這種尺度所衡量出來的結果，很顯然的就造成了主人與奴隸的人際關係，造成了帝國與殖民地的國際關係；在個人方面，強者成爲主人，操生殺大權，而弱者成爲奴隸，失去人生最寶貴的自由。在國家民族方面，強者成爲統治者，弱者成爲殖民地；而且，殖民地的人民，都成了帝國的奴隸。這種情形，在羅馬帝國的版圖，橫跨歐亞非三洲時，對希伯來人的待遇就是最好的例證。❷「競爭」文化的政治理想，因而是「以力服人」的方式，一個國家高高在上，其它殖民地在受着不同的待遇：一個種族高高在上，其它民族接受着不平等的待遇；也就是說，在這樣的一個「世界主義」的藍圖設計內，什麼事情都用兩種標準去衡量；人性在這種制度下得不到完整的尊嚴，因爲人的價値，在這種政治、社會中，不在於「人之所以爲人」，而是在於血統、國籍。

反過來，希伯來「仁愛」文化的產生，乃由於耶穌基督的改革，這改革重新估定了人的靈魂是「上帝肖像」，因而有「天生平等」的學說，因而有「工作六天，休息一天」的提議。「上帝國」降臨於下地的藍圖，是奠立在宗教情操中的，全世界人類都共有一個天父，共有一個主，因而亦祇有一種組織——教會。在教會中，人際關係都是兄弟，都以「愛的誡命」相互結合在一起；在教會中，沒有地位的高下，祇有職務的分別；而且，職位越高的，越是眾人的僕役。

當希伯來「仁愛」的思想，超度着希臘羅馬「競爭」習慣時，不說開始的時候，遭受到極大

---

❷ 羅馬帝國對死刑的執行，羅馬公民是砍頭，但是殖民地的百姓則是釘十字架的極刑。耶穌基督以及使徒彼得，都死於十字架上，而使徒保羅則爲羅馬公民，受殺頭之刑。

的抵制與迫害，就在二者融通之後，還是沒有接受直接由仁愛產生的「平等」；教會中的階級分明，以及「聽命」的強調，骨子裏絕非耶穌基督的精神，而是奴隸制度與殖民政策的潛伏遺毒。

文藝復興與啟蒙運動，雖諸多不是，但是，針對教會對「平等」的誤用，以及階級的劃分，不得不再次強調「生而平等」的看法，而用「法」來保障弱小，用「法」來制裁強權。

可是，從英國「大憲章」開始，「法」所保護的，仍然是某部份人的權益。❸「法」的正義所涵蓋的，永遠不可能抵達「愛」的偉大。眞正的問題，尚不在於「法」的內涵和外延有多廣多遠，而是在於解釋法律條文的，仍然是「人」。現在，問題就明朗化起來，強權的人來解釋法律，與仁愛的人來解釋法律，當然就不一樣；這不一樣的情形，正如一個充滿「競爭」的腦筋的人，和一個懷着愛心的，對人性的看法不同一般。「爭」與「愛」的綜合產品，竟然是「法」，而且，這「法治」原就從羅馬的「議會」開始，在爭辯中給予公正的解釋，是非常適宜於工商業社會型態的。

如今，中國社會逐漸地由農業轉向工商業，而原來的「禮讓」也開始接觸到、或更好說被迫接受「競爭」的挑戰，「法治」信念似乎是文化型態中，第一個應被提出來的課題；「法治」的政治社會型態，似乎亦應該是最先考慮的問題，而不是膚淺地在呼喚「德先生」或「賽先生」，更不是急功好利的「船堅礮利」，就可以提出治本之道的。

❸ 大憲章（Magna Carta）乃貴族強制英皇，為保護某些貴族權益所立，並非正式的民主或法治。

五四時代諸多改革方案中，數國父　孫中山先生的三民主義思想，認清了文化交流中應變的根本，同時亦指出了今後努力的方向。

二、三民主義在思想潮流中所提出的原則

前言部份已經提到，三民主義演講稿在外在的形式看，完全是一種「競爭」，一種「革命」，完全以西洋「競爭」的，法治的立場，去爭取民治、民有、民享的政治體系；無論在民族主義中的推翻滿清，或是在民權主義中的立憲，或是在民生主義中的平均地權、節制資本，都莫不是主張「革命」，主張以「競爭」爲手段。但是，我們也曾提到過，「三民主義就是救國主義」這句話，才是眞正指出革命的目的，指出競爭的目的；這「救國」就必然不是出自「競爭」的心態，而是出自「仁愛」的心態，出自修、齊、治、平中的第三要項「治國」的高尚欲望。因爲用和平的手段的改革，無法把國家的政治，送到國泰民安的地步，因而「出自愛國心」，用「爭」的方法，來達到「國治」的理想。也就由於這「愛國心」的落實，就在民族革命成功之後，還要要求漢族要犧牲自己的血統、文化，而與滿、蒙、回、藏平等相處。這種國內各民族一律平等的設計，就已經開始走出「競爭」文化的藩籬，因爲它不把戰敗的一方當作殖民地，也不把別的民族當作奴隸。

國父　孫中山先生在衝破「競爭」的極限之後，還要再往前走，那就是與中國道統銜接，「

以進於世界大同」。禮運大同篇的政治、社會理想，原才是中華民族固有文化傳統， 中山先生能够在「打倒孔家店」聲中，衝破數層的思想層次和障礙，獨具慧眼，確實是當代不可多得的文化理想家。

「競爭」文化不講正義，不談公道，不言平等，因而其落實到社會政治時，就是奴隸制度和殖民政策。同樣，「禮讓」文化也不講求正義，不計較公道，不爭取平等，而是超越了正義、公道、平等，而進入到忠、恕、仁愛、慈悲之境界之上。父母對子女祇有「愛」，根本不必談正義、公道；夫妻之間也用不着算帳，甚至「朋友有通財之義」。「競爭」文化適宜於工商業社會，其流弊由「仁愛」思想超度之後，產生了一種新的文化體系，那就是「法治」；因而，在工商業社會中，「法治」成爲比較適宜的一種社會型態。「禮讓」文化本始於農業社會，也在農業社會中發展，現在，社會型態改變了；更重要的，是中國的閉關自守的形勢改變了，變成了門戶開放；而在這門戶開放中，西洋在自己國內講法治、論平等，但是對外卻完全應用「競爭」的奴隸和殖民。於是，中國的「禮讓」直接與西洋的「競爭」相遇。難怪沒經過深思熟慮的人，馬上就想到船堅礮利，以牙還牙的「競爭」方法；難怪有人開始懷疑「禮讓」文化的適應性，也難怪有人叫出了「打倒孔家店」的口號。

中國所面臨的問題是：在工商業社會中，個人在人際關係中要「爭」平等，講公道，中國在國際關係中要「爭」自由，「爭」平等。如果在這些新加進來的「競爭」元素中，仍想保持中華民族的特性，而不是被外來文化所侵蝕、所同化，就必須保有某種「禮讓」的東西。於是，問題就發生在：「競爭」與「禮讓」如何協調的課題上。

國父 孫中山先生看出了這問題的核心，尤其先總統 蔣公在育、樂兩篇補述中，提出了整個世界、整體人類政治社會的藍圖，那就是禮運大同篇的三世的進程，也就是大學中修、齊、治、平，人性一步步邁向完美生活的設計。本來，禮運大同篇和大學所設計的，都是在農業社會的人際關係中，透過「禮讓」文化的發展，就可抵達的人生理想，不料在未達到目的時，中間挿進了工商業的文化型態，並且衝進了「競爭」的文化體系。國父 孫中山先生提出的三民主義，就是要融洽這兩種社會型態與文化體系。而且，更主要的，在 國父思想中，始點與終點都是屬於中國傳統文化的，有點像「中學爲體」；而西洋的競爭思想，甚至法治政治，都祇是過程、祇是方法，也就似「西學爲用」的原則。

在革命初期的心態，本來是不用武力的，是仁愛的，是禮讓的，是和平的；在革命完成之後，亦要「與滿、蒙、回、藏相見以誠，平等相處」，以進入世界大同。唯有中間的過程，才不得不以武力推翻滿清，「反對少數民族當權」，「反對皇帝一人專制」。

當然，革命成功之後，在勝敗顯然的局面中，必須以「法治」來維持正義、公道、平等，使社會不致有報復、奴役事件的發生；可是，在據亂世經昇平世，到了太平世之後，已經達到了「貨不必藏諸己，力不必爲己；不獨親其親，不獨子其子……老有所終，壯有所用，幼有所長，矜寡孤獨廢疾者皆有所養」的社會，不但沒有了任何「爭」端，就是「法」也成爲不必需的了。

因此，在這裏我們仍可看出，國父　孫中山先生的主義着實如他自己對第三國際的馬林說的：中國有個道統，就是從堯、舜、禹、湯、文、武、周公、孔子，一直相傳下來，而三民主義就是繼承這個道統的。

至於說　國父思想原由三因素「中國傳統、西洋精華、自己創見」中的西洋精華，一方面可說是「競爭」中的「法治」信念，另一方面則是他對耶穌基督的信仰。至於基督「仁愛」以及綜合競爭與仁愛的「法治」，應爲西洋精華的註解，留待下面再討論。

現就從兩方面去看　國父融通中西文化的事實：先就其以「禮讓」爲體，以「競爭」爲用方面去探究，然後窺探其思想核心中，與西洋由「競爭」文化脫胎出來的「進取」心，以看出「禮讓」文化如何用積極的「知」組織，去架構中國的政治社會體系。把這種中西合璧的本質呈現出來，也就恰好成爲中國傳統的「倫理」，以及中、西文化結合成的「民主」，以及西洋方法中的「科學」。

現在，我們就分段來論述：

(一) 禮讓爲體競爭爲用

從第一部份史的發展中，我們已窺探出中西思想的核心問題，目的雖都落實到「世界主義」的政治、社會目標中，但是，由於方法運用的不同，也就造成不同的社會型態與相異的人生態度；而且在總結中，的確可用農業社會所適應的「禮讓」與商業社會的「競爭」，作爲課題的核心。

並且，在中國文化數千年的傳承中，「禮讓」的核心由於「文字文化」的創造與發展，並沒有轉移，而西洋則由於希伯來信仰的輸入，在「競爭」中雜入了「仁愛」，而催生了「法治」體系。但是，西洋的法治體系祇用於自己，在國際關係中，尤其是在對有色人種的關係中，仍然暴露了其原始的強權，後者仍然是「競爭」的文化型態。於是，在中國數千年文化承傳中，「禮讓」首次接觸到與自己完全相反的「競爭」人生觀，因而掀起了文化的大變動。在這種變動中，新的人生觀的建立爲首要任務，但是，要在社會型態上從農改成商並不難，要改變人生觀困難就大了。

國父　孫中山先生也就在這骨節眼上，先從心理建設開始，完全以西洋辯證的方法，說明「知難行易」的學理。因爲，中國文化由於「皆以修身爲本」，一切都重行，因而着重倫理道德的探討，因而總覺得對倫理規範的體認，屬於「知易行難」；從書經開始，就一直鼓勵實行，而忽略「知」的探求。如今，爲了順應世界的潮流，最先要改變的，就是在原有的不變的「禮讓」的人際關係的全部關心中，分出部份對「知」的追求；因而，「知難行易」學說的創立，委實是中西文化交往中，要落實的最根本的心理準備。

「知」「行」問題的探討，初看起來，似乎與「競爭」文化以及「禮讓」文化沒有直接關係；其實不然，西方自希臘起，就已奠定了以「知」爲中心的爲學方法，尤其雅典學派的興起，蘇格拉底的「知汝自己」，柏拉圖的「對話」，亞里士多德的「邏輯」，莫不直接指出做學問就在「知」之上，甚至把「知」識和德「行」，以知爲中心統一起來，而結論出「知卽德」，「智者就是聖人」。這種西方文化的開始，就已奠定好的基礎，固然在政治社會上，「知」的強調，導引出「知物、知人、知天」的三知，而把知識的一切對象在價值體系上都有等量齊觀的危機，可是，畢竟創建了「求知」的強烈欲望。因爲理性的過度發展，同時又配合着商業的社會型態，因而墮落到良知被遺忘，愛心被忽視的一種局面；在這畸形的局面中，壯大了奴隸制度和殖民政策。西洋整個文化的發展，無論後來的羅馬如何設法以倫理實行爲學術研究方向，也無論後來由於希伯來宗教所創生的神秘主義思想，都擺脫不了以「知」爲中心的文化型態。

在中國傳統的思想中，「與自然和諧」以及「與人仁愛」的中心，所引導出來的「禮讓」，總是在「行」的方面下工夫。不但尚書中的「知之非艱，行之維艱」的教誨，展示着「行」的特性，就是「民可使由之，不可使知之」，也在暗示出「知」沒有「行」的重要；甚至，到了王陽明時代的「知行合一」說，在表面上似乎要使「知」和「行」平等相看，但是事實上仍然在於「卽知卽行」，在於「致良知」（「致良知」三字的重心放在「致」字上），在於「重行」。甚至到了當代的國父　孫中山先生的「知難行易」學說，也是在主張「力行」。而先總統　蔣公也就在中國歷史的全面探討中，把「力行」當作是中國哲學的重心。誠然，就在大學之道的全面實施中，修身、齊家、治國、平天下，無一不需以「力行」來貫徹的。「格物致知」的目的，還是要落實到「力行」的具體生活中。

三民主義旣是救國主義，救國也就不再是空言或口號，而是躬身力行。無論在民族革命中、或是在民權革命中，或是在民生革命中，其所有的理論，都爲了落實在具體的政治社會裏，才算成功。

國父　孫中山先生之所以寫心理建設，原就是當時國人的崇洋心態，錯把「主知」的文化體系吸收進來，用西洋以「知」爲中心的批判精神，來批評　國父學說的學理所在。但是，一個人要明瞭一種學理，並不是一件輕而易擧的事，因而，　國父提出「知難行易」的學說，意即在告訴黨人，「知」的難的部份，我已經做好了，建國方略，建國大綱，都已經寫好了；你們祇要照着去「行」就是，何必花那些時間從頭開始學「知」呢？建設一個新的國家，如果要每一個參加建設的人，都要先「知」道各種建設原理，然後才動手去做，那就永遠無法開始了。因此，國父把人分成三等：先知先覺，後知後覺，不知不覺。這種在「天性」上就有的智愚之分，是社會中分工合作的最重要條件。先知先覺者，就是指那些創造發明家，天生的聰明才智過人一等的領袖型的人物。後知後覺者，則是那些會仿效，會作宣傳工作的人。不知不覺者就是汎指一般竭力樂成的實行者。因此，在建設國家社會上，總應該有這種分工；在　國父的體認中，中國的情形正在急於建設，而不是在批判。

於是，在以「行」爲切要的立場，去認淸「知」的困難，固然一方面是知的範圍，可是，其基層與出路，都是行；尤其站在整體政治社會的藍圖上，修、齊、治、平的每一階段，都在「行」爲首要的命題中開始，而把「知」的行爲，作爲對「行」的方法和條件；甚至，在「知所先後，則近道矣」的「知」，也是指向「修身爲本」的原則下說出的。再則，那句「知之謂知之，不知爲不知，是知也」（論語爲政），雖在字面上，一再說出「知」字，而事實上則在展示一種倫理「行」爲，指出「誠」的重要。在這裏我們看到中、西方對「知」「行」問題看法不同的一種對比：

蘇格拉底：「知卽德」，「智者就是善人」。

孔子：「德卽知」，「有德行的人才是有知識的人」。

（關於這種相異，希伯來信仰，較偏向中國思想：「敬畏上主是智慧之始」（舊約箴言第九章第十節），言中亦着重信仰的「行」。）

中國思想中的「行」，配合着倫理中心的想法，就是儒家的「行仁」；這「仁」的實行，無論用儒者的入世方法，或是道家的出世精神，都不是「爭」的解釋，而是屬於「無爲而無不爲」的「禮讓」型態。「爭」的做法，祇是在這種「禮讓」成爲不可能時，才不得已實施的事。正如國父所實行的救國計劃，先是用和平的改革，屢遭失敗，而對滿淸政府立憲的誠意絕望時，始作革命的打算。

「中學爲體，西學爲用」的精神，的確出現在 國父思想中。

(二) 西洋精華中的進取心

在前面第一部份「史的發展」中，我們站在人道的立場，把西洋文化中的「競爭」特性，往壞的方面發展的「奴隸」和「殖民」展現出來，以與我國傳統的「禮讓」，作一明顯的對比。在這一章中，我們要特別發揚「競爭」所能帶來的積極的貢獻。這貢獻最清楚的，莫如對自然科學的發展。

在這裏我們祇要在開放的民族性系統中，找出其「玻璃」的發明，原在個人生活「對外」的公開方面的一種意義；房屋的窗戶用玻璃，表示其對外的開放性是一例，然後，利用玻璃發展了顯微鏡與望遠鏡，對物理、天文等自然科學的發展又是一例。而在中國傳統文化中，固有許多發明，但沒發明玻璃，卻是耐人尋味的一項事實。

對外開放的思想體系，原是商業「櫥窗」的最根本解說，也就由於「開放」與「競爭」，因而，很關心客觀因素的批判，對所有的事都得做到盡善盡美，不能「馬虎」，不能「差不多」。因而，西方哲學對人生方面沒有、也不會有我國道家的精神，無法「以道觀之」的心態，而祇能在所有小節中，都要求嚴格；（這小節不是像儒家修己中，愼獨行爲的注重小節，而是在對事物的研究，必窮究其精微）。這就是自然科學的研究精神。

國父　孫中山先生的建國設計，也就依着西洋的科學精神，用法治的方式，來保障個人和民族國家的權益。

我們祇要對　國父「五權憲法」的考慮，仔細探討，就不難發現他在科學方法的運用中，對「法治」信念的理解，以及超乎西洋「三權分立」的理論。

我們祇要對民生主義的「均富」設計，有所研究，也就會曉得這種從「據亂世」到「昇平世」，再從「昇平世」到「太平世」的社會過程，如何透過「平均地權」以及「節制資本」，而能避過從工商業社會的資本主義的流弊（在這裏特別注意的一點，就是在資本主義極端發展中，因了貧富的過度差距，而催生了共產主義），卻走向「民生主義」的未來理想社會。

在哲學思想的根基上，國父 孫中山先生的醫學基礎，提供了他英美思想體系中的經驗主義。這經驗主義在實驗和實證方面的注重，遠較一般形而上的思考為實在，因而， 國父思想中對人道的看法，雖有中國傳統的仁愛，但是，對人際關係中的各種事實，以及對自然現象的直接理解，卻也絲毫不含糊。因而，關於宇宙起源問題，關於人性發生問題，關於人生未來歸宿問題，等等屬於哲學的原本課題，都希望透過自然科學的考據，去把握其原始的意義。我們祇要看國父對「進化」學說的運用，便會窺探出，其在實驗科學的運用上的信念。當然，同時也可看出其如何超越了並且補足了達爾文、赫胥黎等的學說，而在經驗主義之中，注入了形而上的因素。就如從物性到獸性，從獸性到人性，原就是西方進化論的全面探討範圍，而 國父有先見之明，在人性之後，指出了人性如何向着神性發展，而把西洋科學和宗教二大因素，融會貫通起來。（這點貢獻，西洋人自己要等到德日進（Pierre Teilhard de Chardin, 1881-1955）在一九三九——四〇年完成的「人的現象」中，才提出來，比 國父晚了二十幾年）。

民族主義第四講中，所指出的向西方學習，就直接說明要學的是科學，是物質文明，而不是政治哲學，不是精神文化。同樣，在民族主義第六講中，指出要學歐美的長處，就是科學；而且要迎頭趕上。尤其在十年國防計劃中，一方面要派遣軍校學生，留學歐美，學習專門學科；另方面要聘請列強軍事人員來華，教練學生及物質技術工程之意見。

進取心的哲學基礎，分成兩方面下工夫，先是在「知難行易」學說中，用西洋辯證的方法，把傳統的「知易行難」的心理錯誤改正；繼則在辯證中，所用的各方面理論，都落實到中國固有的貢獻中；無論是「證以十事」，或是心性、歷史的論證，都提出心理建設最重要的「自信」基礎，那就是中國本來都有了輝煌的「行」，可惜未能用「知」識將它們系統化，因而目前趕不上歐美；但是，現在，國父自己已經在各方面，將「知」的困難打破，以先知先覺的姿態，發明了各種建設指標，祇要國人去實行，便能把中國建設成現代化。因而，在心理的「知」和「自信」上，國父紮下了根基，而在技術的引進，以及向西洋學習的虛心，則提出了西洋當代進步的因素——在心態上一向相信「知難行易」。

國父的生命體驗中，對西洋進取心方面，還有一點是我們不可忽略的，就是他的宗教情操——基督宗教傳道的精神，使徒的「往普天宣揚福音」的令諭，使基督教會在諸種宗教信仰中，最能向外發展的一支勁派；國父對主義宣揚，以及至死不屈，不折不撓的精神，與他的基督信仰亦有莫大的關係。

三、中、西未來展望

人類文化和文明的發展，由於時空的不同，而有相異的成果；這些成果的高潮，呈現在各民族的精神花朵中：在中國有先秦的「仁」，以及隋唐的「涅槃」，提升了人性至佛性，至「天人合一」的境界；而且希望這種個人的「修身」，能够透過齊家而國治，而天下平。在希伯來有舊約中的「創造」以及新約中的「道成肉身」，指出神性如何提拔人性，使其透過自身的悔罪，以及接受上帝的恩寵，而進入於神人合一的境界；在這境界中，已不再是俗世的國度，而是天國臨格於下土。西洋希臘時代的「知」到中世的「信」，再到近代的「知」，發展出「人定勝天」的自信，而展示着「人爲萬物之靈」的事實，駕御世界，突破宇宙的極限，而把握物質世界，使其中一切資源都爲人所用。印度哲學很早就進入了神秘領域，自人性的「四諦」體認開始，一直到出世的提案，到後來的輪廻設計，乃至於涅槃的嚮往，在在都顯示了印度民族在宗教上的體驗，超過了其它民族。

依照這種尺度去看文化時，我們會發覺「知識」的分工雖是一種非常具體的事實，可是使人不得不讚嘆那是一種奧秘：西洋擔負了對「物」的把握，而中國則在認淸了「人」的面目，希伯來和印度的宗教，都是研究從彼岸來的信息，因而擔負了對「神」的體認工作。於是，整體知識中的「知物」「知人」「知天」，唯有在各種文化互相交往之後，走向融通之時，才能完成。西洋「人與物」之間的發展，已經在自然科學以及各種技術中，發揮得一日千里；征服太空也在一步步地推進中。可是，以西洋為首的文明，對其它二大知識——即「知人」和「知天」的倫理規範，以及宗教情操，則未必都是上乘；開發中的國家，在文化以及人生觀上的選擇，也就在這裏遇上了極限，對自身文化的存廢問題，對西洋「全盤」接受與否的問題，都將成為自身喪亡或發展的原因。

在西洋文化的特性中，我們特別提出「奧林匹克」精神，這種精神一方面發展了違反人性的「奴隸制度」和「殖民政策」，但是，在另一方面則發展了「進取」的積極面；因而不但由其文化發展出來的科技，而且也連帶由科技引出的功利、實用的人生觀，也一併向世界各地推銷；而反過來，從中國的倫理規範，從印度或希伯來的宗教情操，卻難以獲得推廣，一方面由於其文化本身的「保守性」，另一方面卻是人性的根本弱點，形而下的眼光遠比形而上的提昇來得容易。

撇開當代人類面臨的文化危機不談，單就在西洋文化與世界落後地區的交往，作為探討的對象，就不難發現，留歐留美的有色人種，大都學得了西洋十九世紀後半期的思想；這些思想就是唯物、實證、實用、功利、共產、進化；而且，這些思想末流竟分佈在西方三種主要的學術語言中，即是：德文的唯物和共產，法文的實證，英文在英國方面的功利和進化，在美國方面的實用。這六種主義原是哲學在十九世紀的沒落，不但不能負起拯救文化危機的責任，而且變本加厲，助長了西洋「奧林匹克」精神。

尤其在中、西交往中，我國在清末民初留洋的學者，在「務新」的心態下，幾乎把西洋的這六種主義，全數帶了回來，而且使人有一種錯覺，以爲這些「新」思想，是西洋強盛的原因；於是，在「自強」的設計與欲求中，盡量將這些思想灌輸給國人。的確，五四運動後的中國思想，尤其是士大夫階級的腦子裏，除了唯物、實證、實用、功利之外，幾乎找不到其它的人生哲學影子。

近年來，由於西洋二十世紀的覺醒，當然，這覺醒與一八五九年有莫大的關係；因爲在這同一年中，西方的上帝給西洋送來了三位先知，而且把他們分送給三個主要的語言系統：德國的胡塞爾（Edmund Husserl, 1859-1938），法國的柏格森（Henri Bergson, 1859-1941），美國的杜威（John Dewey, 1859-1952）。這三位思想家，在西方二十世紀開始時，都承擔了他們各自的文化罪孽，而修正了西洋人的思想偏差；胡塞爾用現象學方法，以其猶太血統固有的內心潛能，指出馬克斯的唯物錯誤；從思想的根本上，刻劃出心物合一的宇宙原始狀態。柏格森負起了科學的實驗探討，把孔德的三站說加以修正，使其平面的歷史觀，變成有生命的立體狀態；生命哲學的發展，在法國的功用，完全使實證主義者陷於自我矛盾之中，無法再在學術上立足；正如德國的現象學出，唯物辯證那一套的哲學理論，就再也無法在大學中受重視一般。同樣，美國杜威的貢獻，也就在於聯合了懷德海、桑他耶拿等人的學說，在英語體系中，導引價值體系進入實用和功利的想法裏。

西洋二十世紀的覺醒，原早在文化哲學、歷史哲學的研討嘗試中，就已經看清了物質文明的危機，而高懸「西方沒落」的紅燈。在二十世紀覺醒中的努力，大都能超越科技的成果之上，窺探出精神價值的花朵。

果然，在文化哲學或歷史哲學的持平理論中，無論站在史實上，或是站在人性的立場上，都會覺察出，唯物、功利的人生是文化發展中最低賤的一段時期，而人性的超升和發揚，必須有能力衝破功利的藩籬，而走向永恒價值的堂奧，才能奏效。

從這些思考爲始點，現就請分兩方面來試探未來展望的課題。

㈠ 中國的未來展望

上面提及了中國文化的基礎，以及其在社會、政治上的偉大構想，從傳統一直到國父 孫中山先生的政治體系，如何以「禮讓」的方式，配合了當代的「西化」爲手段的理想，來發展治國以及平天下的藍圖。

顯然的，如果站在人性和人道的立場，要世界太平、天下爲公的理想社會實現，中國的政治理想(包含了傳統的，與當代屬三民主義的)，就必然是許多理想中最好的一種，因爲它的「平」是站在「平等」的原則上，而不是站在「殖民」和「奴隸」之上；它的「大同」是在「以德服人」的王道系統，而不是「以力服人」的霸道體系。

但是，問題的尖峯在於：目前的中國如果要續存，如果要發揚，就必須自己要站得住，不受列強的侵略和吞噬；也就是說，上至禮運大同篇，下至三民主義，都必須要中國人去保存，去發揮。一句話：中國不能亡，中華民族不能被消滅，中國文化不能中斷。因此，在消極的保存國粹的工作上，尤其在列強的奧林匹克的心態環境中，中國絕對需要自然科學的發展，趕上西洋，在生活的層面上，度一種適宜於現代人的物質生活。在科技發展的水平上，一定要到達除了倫理道德，世界正義之外，仍然能保全自己的領土、文化、人民。這也就是現代化的物質建設的最根本動機。

可是，這種自然並非要求「以力服人」，而祇是用來作文化的發揚，把我們的人生觀告訴大家，而且有足够的力量去替社會公道，國際正義做監護人；如此，以「德」的芬芳，吸引世界各民族的文化歸隊，正如蒙古人，滿洲人的漢化一般。

這末一來，「中學爲體、西學爲用」的原則，仍然可用得上。

未來的一個理想的中國人，就在他的血液和思想中，都應該有儒家的人際關係，道家的生命情調，佛家的慈悲心腸，西洋的科學方法，基督徒的犧牲精神。

就因爲要造就這末一個標準的中國人、完美的中國人，與傳統銜接、與當代配合，都成爲不可或缺的條件。頭腦的豐富，以及心靈的富饒，都要在「君子」和「聖人」的設計下，積極上進入「仁」的境界，消極上達到「涅槃」的殿堂。

因爲要在「獨善其身」上做個「君子」，個人的精神生活與物質生活，也就要有某個水平，稱得起適合人性尊嚴的生活方式。可是，這種個人的生活方式需要國家社會的衞護，也就是說：個人與國家的關係，原是建立在相互補足，相互影響的原理下進行的。一個健全的國家，必然由健全的國民所組成；同樣，一個健全的國民，也需要有健全的國家來衞護和培養。

由此，個人在修成「君子」之後，能出來「兼善天下」，參與國家政治，成爲功在黨國的「聖人」，卻是現代社會應有的精神。

中國的未來，就要靠這許多身爲「君子」的國民，透過齊家，而參與建設國家的行列。使其無論在文化上，亦無論在物質上，都能冠於世界，而終能「以德服人」，領導世界文化，領導世界政治，而進入天下爲公、世界大同的境界。在那時，中國雖然最強，但是，並不欺壓任何國家、民族，而是相見以誠，達到四海之內、皆兄弟也的人際關係狀態。❹

(二) 世界的未來展望

世界的命運將如何，人類的命運將如何，都是關心人性存亡問題的人所關心的課題。在原則上，至少可以說出：像今天的「以力服人」的超級強國發展的姿態，絕不是人類所希望的理想；關心文化的人，也會直覺地意識到，人類在武器方面的競爭，不可能會給人類和世界帶來幸福，而且相反，可能會因了人性本身的愚昧和狂妄，走向自殺之途。

---

❹ 這種理想，早已在三民主義模範省實行着，我們祇要思考一下關於農耕隊和農技團，就知道中國政府在這方面「扶持弱小民族」的落實情形。

組成世界的「個人」，以及由這些個人透過人際關係所組成的社會、國家，在舊有的、十九世紀後半期就興起了的功利、實用，而尙未由覺醒的人性精神價値所喚醒的時代中，總應該有所「爲」，才能拯救人類於淪亡，才能導向人性的理想。

「人性」的整體體認，也許就在於世界上各民族各文化，數千年來積聚所成的成果；無論是促進物質生活的科技，或是着重人際關係的倫理道德，或是在塵世生活中所遭遇到的、不可踰越的極限鴻溝時，心靈所寄託的宗教，或者是增加生活情趣的藝術，都將是未來人類所急切需要的。簡言之，未來世界文化的發展，必需在科學、倫理、藝術、宗教的各個層次中，奠定其基礎；而絕不會係一些盲目的科學崇拜者，所幻想出來的世界，旣沒有感情、又沒有藝術的，完全由電腦控制的世界。❺

也就由於這種整體性的體認，因而各文化各民族所提供出來的生命現象，以及生活情調，都將是未來世界設計藍圖中，不可或缺的原料：西洋的科技，中國的倫理，希伯來和印度的宗教，以及各民族自身的藝術，都會在人類生活必需之上，在抵達生活娛樂時，所必然考慮到的課題。

也就在這些人性的顯象上，旣指出了其內在涵義的全面發展，「從獸到人」爲止的科學進化

❺ 就如有人以爲，未來科學完全控制世界的時代到來，人就不用吃飯，祇要吞一粒丸子就够營養了。但是，我們卻覺得，吃飯在高峯處超越了果腹，也超越了營養，而是進入到藝術的、享受的人生境界中。科學越發達，吃的種類和方法，也必然會增加，而絕不會簡化。

論，顯然就不足以解釋人生，國父　孫中山先生所加進去的「從人到神」，才是在科技生活之上，走向倫理的、藝術的、宗教的人生境界。

「從人到神」的發展，不但指個人獨善其身的「君子」，而且也關顧到兼善天下的「聖人」；因而人際關係中的國家、社會，究竟要採取那一類的政治體系，才眞正使「天下平」？

國父　孫中山先生的政治理想，至少在遠程方面，提供了傳統的「天下爲公」的構想，在近程目標中，則綜合融會了中國的道統，西洋的科學精神，基督世界主義的信仰；其中包括了倫理、民主、科學，而對未來世界的藍圖，在當代提出了最早的、最合乎人性需求的政治理想。

史賓格勒與湯恩比之比較

文化哲學在西洋的發展，是近二百年的事：前一百年的研究以歷史哲學爲中心，這一百年的研究方向，則轉變爲社會哲學❶。歷史是人類生存「縱」的發展的記載，社會則是人性生活「橫」切面的剖析。西洋當代對這種文化問題最有深刻的研究，而最有貢獻的，首推史賓格勒 (Oswald Spengler, 1880–1936) 與湯恩比 (Arnold J. Toynbee, 1889–1975) 二人；前者的名作「西方沒落」(Der Untergang des Abendlandes, 1918)，後者的大著「歷史研究」(A Study of History, 1934–1954)，都是稀世之作，都在探討人類文化之過去，以策勵社會走向美好的未來。但是，由於二人文化背景的不同，由於語言生活習慣的互異，因而產生了不同的看法和見

---

❶ 參閱 Alois Dempf, Kultur-philosophie, München-universität, Philosophische Abteilung, HSV 198, 1. Einleitung, S.4.

解。本研究站在「比較文化」的立場，窺探史氏與湯氏對文化觀點的異同；並站在人性、人道、人道主義的立場，來研究二者對文化的貢獻，並批判二者在開拓人生未來道途努力的得失。

本文的寫作目的，是嘗試透過史氏與湯氏的文化觀點，爲當代的文化研究，指出一條正確的道途，尤其設計出正確的方向；並設法用西洋學術的研究方法，來探討我們自己對文化的信念和信心。

本文所用的方法卽是學術上的比較法，筆者嘗試用二大面向，來探討本課題。第一個面向是形式上的，卽是針對史氏和湯氏所用的「歷史方法」，加以比較研究，並從中加以批判。第二個面向是內容方面的，卽是進入史氏與湯氏的學說中心，尋求他們對文化的定義、起源、發展、內涵、展望等課題，加以敍述、比較、批判。

也就因爲要深入史氏與湯氏二人的學說中心，首先要做的工作也就必然是：史氏的「西方沒落」以及湯氏的「歷史研究」的閱讀與探究，再配合二者生平以及學術思想發展動向，以瞭解二者思想的進程與本質，進而找出二者相同相異之處；再加上有關文獻的參考❷，就設法以批判的眼光，看二者在文化學說上的得失。

---

❷ 這裏說的有關文獻，除了史氏與湯氏的其它作品之外，還包括了一些關於二者的著作，像 Pieter Geyl, The pattern of the past: Can We Determine It? Greenwood press, New York, 1968, 像 Raymond Williams, Culture and Society 1780-1950, Chatto a Vindus, London 1958. 像「湯恩比與歷史」，沈剛伯、閻沁恒等著，牧童出版社，民六十七年十月三版等。

本文所預期的成果，在理論上，是以學術的眼光，認清文化問題，實爲宇宙和人生問題處理的根本；在實踐上，以史氏和湯氏的預言證驗，來釐訂文化目標的展望：認清人性在文化層次上的生活需要，進而道出中國近百年來，文化變遷中各種問題的癥結所在，而嘗試尋找化解之道。

本文分段也卽是方法中所指出的二個面向：第一章的重心落在「學術方法」上，作形式的全面探討，分別研究湯恩比的「歷史研究法」，以及史賓格勒的「歷史方法」，深入其本質，探討其意義，分辨其異同，評判其得失。

第二章關於文化內容方面，探討史氏與湯氏對文化定義、起源、發展、內涵、展望等課題的見解，以比較法窺探其異同，批判其得失。

我們這就進入正題。

第一章　歷史研究法與歷史透視

在文化哲學的研究中，無疑的，湯恩比的最大貢獻，在於突破以往被困於國家的疆界，以及民族的圈子的歷史單元，更超乎以黨派，以某一民族，以某一國家，以某一時代的時空束縛，作爲歷史的寫作動機，而是能以全人類的共同命運以及共同寄望爲出發點，用歷史縱的發展，來開拓人類的未來理想社會。因此，這樣的一個社會，必然就不可能是任何一個國家，或是任何一個民族，或者任何一個時代的專利品，而是爲全人類所共有，爲全世界所歡迎。

湯恩比的歷史研究法，既然預定了這個方向，以及預設了這個目標，其方法的運作上，也就有優於前人，超乎傳統的地方。歷史方法的運用，最先所強調的，在消極上，是修改國界和民族界，以及斷代史的界限；在積極上就是指出歷史事件的關連性，以爲一件歷史事實的產生，不可能是孤立的、單獨存在的，而在歷史上每一件事的發生，都錯綜複雜，許許多多的因果相連；因而，要瞭解眞象，就必須站在更高的立場，以整體的透視目光，用超時空，更高的單元作爲準則，來窺探全人類的歷史。❸

與湯恩比有相同的看法的史賓格勒，所主張的歷史透視法，亦是如此。史氏與湯氏一樣，在消極上都反對歷史事件的堆積，在積極上，都以爲歷史是在研究文化的發展。史氏提出的直觀和透視，完全與湯氏一般，意謂着歷史研究者應該站在高處，超越所有的歷史事實和事件，而透視這些事實和事件的背後原因。史氏覺得，人的精神在歷史的事實和事件前的覺醒，才是文化起源的最佳理解。❹

湯恩比認爲歷史應是一個整體，而且以全體人類生活作重心，因而非常讚美 H. G. Wells,

---

❸ Arnold Toynbee, A Study of History, Oxford Uuiversity Press, London/New York/Toronto, Sixth Impression, 1955. Vol. I pp. 17-26. pp. 26-44.

❹ Oswald Spengler, Der Untergang des Abendlandes, Deutscher Taschenbuch Verlag, Ungekurzte Ausgabe, 4. Auflage, November 1977. Müinchen. Band II, S. 611.

Outline of History. ❺史賓格勒亦以爲歷史是一個整體，而這整體是人類意識的覺醒，因而同意 J. Ranke, Der Mensch 中的看法❻。Wells 和 Ranke 都能够突破歷史以國界、以斷代的寫法，而站在整體人類的立場，來看人間世事件的前因後果，因而亦頗能符合湯氏和史氏的歷史觀點。

也就由於二者對歷史的觀點，超乎了事實和事件的綜合，而是以整體生命爲出發點，因而也就把歷史提升到歷史哲學的境界。史賓格勒還直接說出：「所有眞正的歷史工作，都是純正的哲學。」❼，「哲學要落實到歷史中」❽，「歷史哲學是哲學的最終主題」❾。

歷史變成了歷史哲學，也就成了文化哲學的一部份。

在文化哲學的園地中，以人性爲尺度，可以衡量出湯氏與史氏對歷史研究的貢獻，都在於能把握住西方學術的宇宙二元模式。宇宙二元的設計，早在希臘哲學鉅子柏拉圖（πλατω'ν 427-347 B. C），就奠定了基礎。宇宙二元模式的貢獻，在於形而上與形而下的劃分，而形而上爲超時空、永恒與無限的原理原則，形而下則爲依着形而上之模型，落實下來，受時空束縛的現實世界；因而，形而上實爲領導原則，而形而下則爲實踐部份。湯恩比和史賓格勒歷史觀之突破單獨

---

❺ Arnold Toynbee, Op. cit. Vol. I, p. 5.
❻ Oswald Spengler, Op. cit. Band I, S. 140; Band II, S. 611, 709f.
❼ 同上，Band I. S. 57.
❽ 同上，S. 64.
❾ 同上，S. 67.

的事實與事件，甚至突破事實與事件的綜合，都顯示出突破形而下界的束縛。他們之要達到整體的看法，主要以全體人類之命運作爲探討目的，都是步入形而上領域的明證。這種形而上領導形而下的原則性的確立，是歷史哲學的根本基礎。

但是，爲了到達這種宇宙二元的宇宙觀，湯氏所走的道途與史氏所走的卻不盡相同。湯氏繼承了英國經驗主義的傳統，所用的方法多屬歸納法，而史氏則承傳了歐陸理性主義的演繹方法。顯然的，湯氏的「歷史研究」，首先着重在史料的收集、分類、判斷、總結，然後超越事實與事件，而到達形而上的原理原則。史氏的「西方沒落」，首先就站在「觀」的立場，來透視各種事實和事件的因果關係，以及超乎因果的各種文化現象；因而，史氏的書寫方式是神諭的，是無系統、重覆、暗誨、非分析的；在每一項事件的評價中，道出了他自己的意見和看法，而不是提出論證⑩。這顯然的是站在形而上的立場，來批判形而下的事物的方法。也就因此，去閱讀湯氏十二大册的「歷史研究」，讀者所必須花費的心力，並不見得比閱讀史氏二鉅册的「西方沒落」更多。原因就是：湯氏的方法，從具體的形而下到抽象的形而上，而且能够在具體的事件中，以類比的方法分類分羣，頗能引導讀者進入情況，而跟隨歸納和分析的方法，進入原理原則的境界。而史氏的寫作方式，似乎不管讀者的興趣或立場，旨在發揮自身的天份和智慧，甚至用預言的方

⑩ 參閱 W. H. Dray, Oswald Spengler, in Encyclopedia of Philosophy, Ed. by Paul Edwards, 1968 Vol, 7. p. 528.

有同感的。

式，指出歷史文化的未來發展方向。這種寫法自然要求天才和智慧的認同，而不是一般民眾所能

在涉及內容範圍的形式上，湯恩比與史賓格勒也有不完全相同的看法；那就是「歷史」與「自然」的問題。湯恩比對歷史的觀感，總是覺得人的精神，很自然地就由自然的衝擊而有精神的回應。歷史在這種情況之下，並非什麼超然的東西，而是順應自然規則的必然產品；而且，人類精神的超升，也本是自然律的升級。換句話說，在湯氏的歷史觀點中，歷史與自然是密不可分的，歷史與自然之間合作無間的。這當然又與湯氏文化背景的經驗主義有密切的關係。相反，史氏的觀點，卻要用歐陸思想的形上原則，來解釋自然和歷史的區別。史氏以爲：自然與歷史是對立的；精神內存於自然之後，才有歷史的產生；而且，一旦成爲歷史，就已經超乎了自然。史氏持此觀點的理由在於：自然是死的，是機械的，是命定的，而歷史卻是活的，是目的性的，是自由的。精神一旦覺醒，才會超脫自然的束縛，而以精神爲主，去靈化自然，而形成與自然對立的歷史。人類雖屬於自然，但卻能超越自然而創造歷史；因爲，自然是已生成（Gewordene）的外在世界，可以完全由因果律來支配，用機械的數字來表達；但是，歷史可是超科學的，是生成變化的過程（Werdene），是因果之外的內在生命，是有機的，沒有任何數字可涵蓋的。⑪

⑪ O. Spengler, op. cit. Band I, S. 68-71.

因此，綜合上面有關思想形式的比較，我們可以總結說，哲學方法運用的不同，造成了湯恩比與史賓格勒思想形式的互異，但是，在對歷史哲學本身的見解，卻是相同的，都是在強調指導原理的形上界，而超越形而下的現象、事實、事件的具體世界。方法不同，目標則一；方式相異，成效一致。

第二章　文化內涵的探討

我們這就進入比較文化哲學的課題，雖然，「文化是人類生活的一切表現」⑫。無形中包括了知識、道德、藝術、宗教等層次；但是，「文化哲學」所要探討的課題，除了文化內涵之外，還需要站在客觀的立場，去探討文化的定義、起源、發展、內涵、展望等課題；尤其在本文中，既定爲比較研究，就更需在這些多面向上，舉出異同，甚至判其得失。

正如上一章歷史方法的異同上，我們指出了湯恩比與史賓格勒的方法不同，目標則一，方式相異，成效一致的結論。在本章文化內容方面的探討，我們所架設的面向比較寬，所涉及的課題也比較複雜，因而，可以預料，絕非「同」和「異」兩個範疇，就足以涵蓋殆盡的，同時，也絕

⑫　有關文化的定義問題，眾說紛紜，在這裏暫借用最簡單，且最易明瞭的界說，把文化視作「人類生活的一切表現」。參閱「文化哲學」，朱謙之著，商務，人人文庫第三六九——三七〇號，民國五十七年七月臺二版，第八、九頁。

不是「優」或「劣」二個價值概念，可以完全解答所有問題的。在比較的工作上，雖然將盡可能地收集根本上屬於本質的資料，但是，在體系的建立的比較上，總不免放棄某些雖在量上較多，但在質上無關宏旨的內容。就如湯恩比在文化類型的解說上，所用的許多例證；或是史賓格勒所列舉的許多自然科學的專門知識，在本文的探討中，都將一律從簡，祇攝取其中的本質意義，作爲比較的材料。

一、文化定義

因爲歷史是「人類」的歷史，而文化又是「人類」生活的一切表現；那末，站在歷史的立場來討論文化也好，站在文化的立場來探討歷史也好，「人類」都要成爲問題的關鍵。而人類的「自由」，卻是所有探討人類問題，必須要遭逢到的；這自由不但表現在生活上，而更主要的是表現在思想上。這末一來，對文化定義的課題，就必然是非常複雜的。關於這點，無論湯恩比⑬，或是史賓格勒⑭，都提出了許多解說，或是許多闡明，但總沒有下一個明確的定義。⑮

⑬ A. Toynbee, Op. cit., Vol. I. pp. 44-45, p. 51.

⑭ O. Spengler, Op. cit., Band I, S.74, 140, 233, 596.

⑮ 就如 Mathew A. Fitzsimons, Toynbee's History and Character of the United States, p. 146. 以及 Kenneth W. Thompson, Toynbee's Approach to History, p. 216. 等所提出的批判，都認爲湯恩比舉出了許許多多對文化的解說，但卻沒有對文化下確切的定義。

雖然沒有明確的定義，但從各種解說的綜合中，亦可獲得一種定案，那就是「文化是此有的觀念」（Kultur als Idee des Daseins）⑯，而這個「此有」即是具體的人類存在，而在這具體存在中，人類理想的生活寄寓在道德、藝術、宗教之中。湯恩比在回答各方對自己的責難，以爲沒有給文化一個確切的定義時，亦說：「文化是人類生活整體的瞭解」⑰。其它如「文化是有機體」⑱，「文化是世界歷史的總體」⑲等等，都在說明文化是人類生活的一切表現。這生活的表現固然有物質性、有肉體性，但是卻不屬於物質，而是屬靈的、屬於精神的；是精神現象，不是物質現象；文化的精神內在於物質的表現，精神內在於物質的表現，才是人類生活的全稱。因此，史賓格勒以他寓言式的表出說：「文化是歌德的活生生的自然，而不是牛頓的死沉沉的自然」。⑳

文化是精神的產品，不是物質世界的產品，而且，精神生活是整體性的，是能點活死的自然的，這些特性，都是湯恩比和史賓格勒共同的看法，相同的高層次的意見。

既然把「精神」內存於「物質」，當作文化的先決條件，現在的問題，並不全在於「精神」爲體；「物質」爲用的問題，也不是辯論文化是否「牛頓」的自然，或是「歌德」的世界的問

⑯ O. Spengler, Op. cit. Band I, S. 74.
⑰ A. Toynbee, Op. cit. Vol. XII, pp. 273, 282.
⑱ O. Spengler, Op. cit. Band I, S. 140.
⑲ 同上，S. 233.
⑳ 同上，Band II, S. 596.

題，而是如何去化解「精神」與「物質」二元，如何使物質世界，因了精神的臨在，超度到文化的層面去的課題。

也就在這課題上，顯示出歐陸理性主義與英國經驗論傳統文化的差異性，所傳承給史賓格勒和湯恩比的影響。

起先，史賓格勒偏向於精神文化的解說，而對物質文明表現了太多的不信任。也就在文化與文明的區分上，湯氏與史氏有相當不同的看法。本來，英語體系的歷史研究，大多把文化與文明混合運用，認爲精神的文化本來就表現在物質文明上；人文世界的出現，原就是在自然的秩序上加工，表現在生活的各種層次中。但是，歐陸的研究則清晰地劃分精神與物質二元，而覺得物質是文明的層次，精神才是文化的層次。這末一來，談到文化哲學，史賓格勒肯定文明必需在文化的範疇中，才有意義；甚至，認爲「文明是文化不可避免的終極命運」㉑「文明是人性發展所達到的最外層，最不自然的狀態」㉒。當然，這裏所說的文明，史氏所意味的，是十九世紀後半期的科學主義，尤其是由科學主義所催生下來的唯物主義㉓。也就因此，史氏在文化發展的展望中（本章第五節專門討論），採取了悲觀的態度，以爲文化發展到「世界都會」（Welt-stadt）

㉑ O. Spengler, Op. cit. Band I, S. 43.
㉒ 同上，S. 44.
㉓ 同上。

時，就必須走向沒落和滅亡，而再也沒有回頭的機會[24]。換句話說，在史氏心目中，文化的意義應完完全全是精神的，縱使精神內在於物質的表象會成爲文明，但是，其精神性的表出，卻不一定必須落實到物質層面。這也就是爲什麼史氏一直把宗教當作文化的本質，而說出「每一種活的文化，都是宗教性的」[25]的理由。

在湯恩比看來，文化的發展與文明的發展是相同的，物質世界的高度發展本身，本來就不是物質，而是人類精神臨在於物質之中，把自然秩序改變爲人文秩序。因此，在湯氏學說中，文明不見得就摧毀文化，物質的運用正展示出精神的崇高。當然，像唯物論一類的文化體系，湯恩比仍然持反對立場的[26]。因此，在文明與文化的相互關係中，湯恩比的見解，仍然是很開放的，覺得就連宗教的文化，亦可以用宗教文明來表出[27]。如果連史氏文化高峯的宗教，在湯氏學說中，都可用文明稱之，那末，顯然的，湯氏就更能夠在文化發展途中，容忍各種物質層次，以及科學層次的東西，不像史氏所敍述的，目前所有的藝術都已經走向了末端，而呈現文化的冬季，走向末路了[28]。

---

[24] 同上，S. 45.
[25] 同上，S, 527.
[26] A. Toynbee, Op. cit. Vol. VII, p. 753. Vol. VIII, p. 133.
[27] 同上，Vol. VIII, p. 484, 488.
[28] O. Spengler, Op. cit. Band I, S. 281, 380. 481.

因此，在文化定義的探討中，湯氏與史氏都同感的，是文化是一個整體，是精神現象，是精神內在於物質的現象，是人類生活的一切表現。二者所不同的是，精神文化與物質文明並存與否的問題：湯氏主張二者可以並存，而史氏卻強調精神文化，而忽視物質文明。

要解決二人間的差異，問題的核心還是要回到文化與文明的定義上，看看它們對物質和精神包涵量的多寡而定。

二、文化起源

無論精神與物質的關係是否辨明，也無論文化與文明的關係是否澄清，文化是人類生活的一切表現，則是根本；這人類生活的表現從何開始？是否用那裏有人，那裏就有文化的說法，說人類的起源也就是文化的起源？或文明的起源？是否像進化論的說法，以爲人類是猿猴變的，獸既變成人，就開始了文化？

在湯恩比的歷史學說中，關於文化的起源問題，根本上跳出了進化或創化的學說，而用其自己對歷史研究的心得，發明了著名的「挑戰與回應」(Challenge and Response) 學說㉙。這學說遍佈了湯氏「歷史研究」的前三冊，我們綜合其說法，可以大略分成三大類，一是自然的挑戰以及人類的回應，二是人爲的挑戰與回應，三是綜合自然和人爲的適度的挑戰和回應。自然的挑

㉙ A. Toynbee, Op. cit. Vol. I, pp. 302-318; Vol. II, pp. 100-304; Vol. III, p. 119.

戰所引發的，當然就是人類爲了求生存，而開始征服自然，進入遊牧民族，乃至於農耕社會，就如幼發拉底河發源的蘇美文化，黃河流域發展的中國文化㉚。

但是，自然環境的挑戰，因爲要眞的到達挑戰的程度，好的環境反而沒有壞的環境更能刺激文化的誕生，湯恩比提出不少例證，就如中國的長江流域和黃河流域的環境比較中，後者比前者困難得多，但是，中國文化卻不源自長江，反而源自黃河㉛。

自然環境的挑戰所刺激興起的文化，是人與自然之爭的農業、遊牧等文化；而人爲的挑戰就不同，它可以是內部的人口壓力的挑戰，形成一種奴隸制度，而先知先覺之士爲了良知，設法清理出人道精神，來提倡平等，這就形成高度的道德文化，甚至可以由神話支持的宗教文化的誕生。㉜它也可以是外來的侵略，導引民族或種族智慧的運用，而奮起救亡運動，而開始設計生存計劃，因而有政治的、社會的、經濟的、軍事的改革提案，而造成了文化發展的大步邁進㉝。比外來侵略稍爲輕一點的，是外來壓力，湯恩比提出中國歷史發展中，外族在邊界外的壓力和威脅，亦都形成一種文化，像周秦之於西戎，秦漢之於北狄等等，都是由外來壓力的挑戰所作的回應㉞。

㉚ A. Toynbee, Op. cit. Vol. I, pp. 302-305.
㉛ 同上，Vol. II, pp. 65-67.
㉜ 同上，pp. 259-304.
㉝ 同上，pp. 100-112.
㉞ 同上，pp. 112-208.

當然，外來的挑戰不能太大，否則土地和文化都已淪爲殖民地，或是根本上被消滅，像墨西哥文化之徹底被毀[35]，就是例證；反過來，挑戰亦不能太小，小到不足以引起注意，或是刺激意識的覺醒，否則文化不會產生。在這裏，湯氏以爲適度的挑戰，統合外來的、內在的需要，就將恰好催生文化[36]。

史賓格勒的文化起源問題，正如歐陸原本的理性主義體系的方法一般，站在高層次上來看，史氏一開始就把宇宙分成兩個層次；大宇宙和小宇宙；大宇宙是命定的，小宇宙則是自由的。人的歷史開始在小宇宙中，因而文化亦產生在小宇宙[37]。史氏把人安置在小宇宙中，就是因爲人的精神臨在於物質，不但追求生活的基本，而且會思想，會意識到自己的存在，還進而問及生命的意義。從人的存在（Da-sein 具體的「此有」）到覺醒（Wach-sein），也就是文化的始源[38]。「覺醒」的意義就在於：從無形式的變成定型的，從超時空的迷夢中，落實到時空的存在；但是，自覺到自身受到時空的束縛，卻不甘心被時空所局限，而是要設計，突破時空，進入永恒和無限的領域；在永恆和無限之中，來衡量價值的標準，於是創生了更高層次的道德、藝術、宗教[39]。

---

[35] 同上，Vol. VIII, p. 465.
[36] 同上，Vol. III, p. 119.
[37] O. Spengler, Op. cit. Band II, S. 557, 571, 579.
[38] 同上，S. 563.
[39] 同上，S. 567.

在文化的範疇內，思想是人的創造。思想不但叫人如何生活，而且會問及生命的意義，問及生命中的因果法則，甚至直指永恒眞理的領域㊵。因此，史氏強調：這種生命意識不是物質進化，無法用科學的因果原則，來理解和透視，也因此，史氏嚴厲地批評了達爾文的進化論，以爲達氏的漸進演化法則，根本不適用於理解文化的起源問題㊶。在史氏心目中，進化必然是個突變，地球上的生命、禽獸，倏忽之間就存在了，沒有任何變化的痕跡可尋；而且，人類的覺醒也是突現的，它是個奇蹟，不是科學可以理解的㊷。

文化的產生是由精神所主宰，這是湯恩比與史賓格勒都同意的；但是，精神的主動與被動，似乎湯氏採取比較緩和的見解，覺得內、外的挑戰都可作爲回應的條件，亦即是說，都可催生文化。而史氏則強調，唯有內在的覺醒——精神的覺醒，才是文化產生的原因；因爲史氏肯定文化的起源是奇蹟，因而無法接受外在因素的介入。

這問題涉及到知識論問題中主客對立的課題，我們的確能够理解史氏與湯氏所採取的不同立場。理性主義原就主張主體的積極作用，甚至犧牲客體的存在來換取主體的獨立和自動自發性㊸。

㊵ 同上，S. 568-573.

㊶ 同上，S. 589-591.

㊷ 同上，S. 591.

㊸ 理性主義從笛卡兒開始，就用「清晰明瞭」的觀念，作爲眞理的權衡標準，客體存在與否，並不在考慮之列；甚至在發現觀念的法則無法衡量伸展性事物時，仍然用更高一層的「最清晰最明瞭」的觀念——即上帝來處理。

反過來，經驗主義原本就要在感官知識上下功夫，把客體的存在作爲經由感官進入主體必然的過程㊹。也就因了哲學思想的不同，引起對文化起源的課題上，採取不同的見解。

筆者以爲，湯恩比的挑戰與回應，如果加強回應的主動性；而史賓格勒則在對環境的探討上，多下點功夫，多少承認思想來源的因果關係，則二人的思想必然更接近。而且，亦唯有藉這種相互補足的提案，對文化起源問題更能找到客觀的眞實。

一味靠環境，或者單單依賴精神自動覺醒，也許都無法眞正解決文化起源的問題。最好的方法，也許是把人類精神作爲文化起源的原因，而把環境以及環境的挑戰，當作是文化發源的條件。原因沒有條件，尤其沒有充足的條件，難於產生結果；條件沒有原因，更無從催生結果了。

三、文化發展

從文化的初期發源，到成熟的文化，從原始到開化，從幼稚到高級，不是一蹴卽成的；它需要經過幾許努力，順着某些原則進行。史賓格勒和湯恩比，都覺察到世界上有許多古老的文化，在當時非常顯赫，但是沒有多久，就趨於消失，像埃及的科技：金字塔與木乃伊的高等技術，祇留下了文物，而文化則成爲過時的，祇供後人憑弔的。像迦太基的武功，絕非當時的雅典可比，

㊹ 經驗主義大師洛克的那句 "Nihil est in intellectu, quod non antea fuerit in sensu" 奠定了英國哲學主體被動的天性；經驗主義中 Tabula rasa「白板」的說法，更是肯定了客體的權力。

但是，迦太基滅亡了，而雅典創造了希臘，而成爲西洋的根，所因非它，雅典文化有發展的設計，而且特重精神價値，而迦太基祇重科技，沒有建立千秋萬世的文化體系之故。

文化哲學在歷史發展的探討中，究竟是千秋萬世的，或是轉瞬卽逝的，就成爲其發展的尺度，無論史賓格勒或湯恩比，都在這方面花了不少心血，去研究文化發展的原理原則。

從史氏與湯氏有關文化發展的著述來看，二者都對文化層次（文化內涵中特別探討），有相當敏感的程度；而且都對精神文化有偏愛，以爲宗教文化是諸文化最基本的根㊺。也就因此，文化發展，若拋棄了宗教文化，則易於走向末路，像無神論反對宗教，其所設計出來的文化，必不可行㊻。

上面談及的，是湯氏和史氏對文化發展的相同觀點和學說：在相異方面，最先要提及的，是文化週期性的見解。上面已經提及過，湯氏比較樂觀，而史氏比較悲觀。湯氏對文化的發展，在在指出了進步的特性，縱使像埃及，迦太基之類的文明，事實上已經消失了，但湯氏還是用「多眠」來形容，以爲它們在休息，說不定經由某機會，又可以捲土重來，從睡夢中覺醒。這就是湯

㊺ O. Spengler, Op. cit. Band I, S. 487:「每一種科學，皆以宗教爲基礎；連物理學在內，都得預設一套信條……世界上沒有一種自然科學，會不具有一個先於它而存在的宗教」；又 S. 527:「每一種活的文化，都是宗教性的」A. Toynbee, Op. cit. Vol. X, p. 236 也指出宗教是文化的中心。

㊻ O. Spengler, Op. cit. Band II, S. 525 說：「無神論不是文化的黃昏，而是文明的早期，是走向文化沒落的先聲 A. Toynbee, Op. cit. Vol VIII, pp. 147-149. 也論及此點。

氏的「由陰靜到陽動」的文化發展原理[47]。

這種「由陰靜到陽動」的發展原理，事實上就是由環境的挑戰，所引起的「靈化」(Etheralization)。而靈化的意義在於：由物質文明走向精神文明，由低級文明走向高級文明，由大宇宙走向小宇宙[48]。

因此，在湯恩比的樂觀心態中，文化總是在發展和進步的，雖然人類文化的多元，可是總是向着完美發展，文化由低到高，文明由原始到開化。在這裏，湯氏特別讚美了中國的孔子，不但以爲孔子的文化構想，符合了「由靜到動」的原則，而且還把「動」作爲達到「太平世」的行爲重點[49]。不但如此，湯恩比在這方面，亦反對胡適把五四喻作西方的文藝復興[50]。當然，湯氏心目中的「陽動」，必須朝着一個遠程目標去發展，而不是在爲反對過去的「陰靜」。

湯恩比的這種週期性，是在直線發展中，又有回頭展望的文化發展情形，在史賓格勒的學說中，就無法找到，史氏的週期是一去不復回的[51]。文化的命運按着季節性的春、夏、秋、冬，而有孩提、青年、成年、老年的生命階段，而到最後，是不可避免的死亡的命運[52]。因爲死亡是生命以

[47] A. Toynbee, Op. cit. Vol. III, p. 119.
[48] 同上，pp. 187-190.
[49] 同上，pp. 248, 328-330.
[50] 同上，Vol. IX, p. 78, Note.
[51] O. Spengler, Op. cit., Band I. S, 29.

及所有文化的終站，因而所有高等的思想，都起自在對死亡的沈思；而在對死亡極限的沈思中，提出了各種化解之道，設法超越死亡，而走向永生，設法透過今生而走向來世。因爲有這種超脫的希望和想法，於是創生了哲學、科學、宗教，來規範人的行爲，來保證人的超度可能性[53]。

也就站在這種文化意識中，雖然覺得文化會必然走向末路（這是人間世不可避免的悲哀，正如人人都必然會死一般），必然會沒落，會死亡；但是，個人則可以在超脫的修練中（尤其宗教的修練），突破死亡的恐懼，而到達永生的境界。這種突破，是史賓格勒在文化沒落的絕望中唯一的希望。因此，史氏非常反對文藝復興時期對宗教的漠不關心，甚至反對宗教，以爲：「文藝復興號稱復古，但卻毫未觸及古典，更不用說『瞭解』和『復生』古典了。」[54]在另一方面，史氏以爲西洋中古的宗教精神，利用絕財、絕色、絕意的節制德行，眞正能突破今生，走向來世，超脫死亡，走向永生；而反過來，覺得啟蒙運動的一切，都在導引人性墮落[55]。不但如此，就是當代科學心理學所用的機械主義原理，史氏以爲祇可以代表西方當代貧乏的靈魂，但是卻不能代表整體人類[56]。

---

[52] 同上，S. 143.
[53] 同上，S. 211-214.
[54] 同上，S. 307.
[55] 同上，S. 401.
[56] 同上，S. 381-386,

精神文化的發展，是史氏與湯氏二人都共同努力的，物質文明的參與，在湯氏看來，可作相當寬大的容忍，以爲在挑戰與回應的原理中，人類隨時還會覺醒，文化仍然會在睡夢中醒來，但是；在史氏看來，文明永遠是文化的末路，而這條末路又是人類必然要走的命運之路。人類在這種命運面前，唯一的辦法就是自救，使自己的靈性從今生渡到來世，從此岸渡到彼岸。當然，這超度的可能性是寄寓在宗教之中。因而，史賓格勒堅定不移的信念是：宗教才是文化的根，宗教信仰才是拯救文化的良方。

在這種湯氏與史氏的相異點上，史氏的看法未免太悲觀了，精神內存於物質的力量，何嘗不可以用文化去超度文明？「富貴不淫貧賤樂」的德行，總不該是純理想吧！

四、文化內涵

文化既是人類生活的一切表現，而且，這一切的表現又是有等級性的，從最低的物質層次到最高的精神層面；因而，有關文化的內涵問題，可以說包羅萬象，從人性的最低物質需要，走向最高的精神享受，都是文化的內涵。在人文科學的龐大體系中，知識、道德、藝術、宗教的層次都是文化。不過，也就在各種文化特有的內涵中，史賓格勒與湯恩比，都不遵循傳統的分法，把文化分類成科學文化、道德文化、藝術文化、宗教文化，而是覺得要用別種系統，作爲文化的分類，然後在分類中，看出其全部內涵。在這裏，史氏與湯氏都採取「文化類型」說。湯恩比首先提出二十一種文化，隨後又修改爲三十一種，甚至三十二種文化類型[57]。在早期的二十一種文化當中，湯氏指出有十五種是承傳的文化體系，而只有六種是直接從未開化的原始狀態產生。這六種文化當中，包括了埃及文化與中國文化[58]。因爲湯氏心目中，文化與文明是同義字，因而物質文明和精神文化，在湯氏看來，是等量齊觀的，於是才會把物質文明的古埃及，和精神文化的古代中國，都看成是同等的從未開化的原始狀態產生出來的文化體系。但是，事實上，若依湯氏自己的「挑戰與回應」的學說來看，環境的挑戰，在尼羅河沿岸和黃河流域，固然可找到許多雷同的地方，可是，古埃及人的回應，以及古代中國人的回應，卻大大地不同：埃及祇看重到物質方面的永恒，用金字塔和木乃伊來表現。這祇是文物，尚未到達文化的階段。而中國人在古代的思想，卻一下子就進入到「三不朽」的注意與發揮；三不朽的立德、立功、立言無疑地是精神方面的，是超時超空的，是勝過金字塔和木乃伊的表象的。

　史賓格勒以爲文化的類型很多，但是符合他「所有文化的基礎都是宗教」，以及「宗教才是文化高峯」的原則，就祇有八種高級文化[59]。

---

[57] A. Toynbee, Op. cit. Vol. I, pp. 131-133 提出二十一種文化，Vol. XII, pp. 558-561 則修正爲三十一種或三十二種文化類型。

[58] A. Toynbee, Op. cit. Vol. I, pp. 132.

[59] O. Spengler, Op. cit. Band II, S. 597.

在數目上，似乎史氏的文化內涵，比湯氏的少了一點，而事實上，卻又不盡然，因爲湯氏強調每一種文化彼此之間，都互相有影響，其起源如此，發展如此，甚至沒落或再復興都如此[60]。但是，在史氏看來，每一種高級文化，都獨立的發展，一方面是因爲文化起源由於先知先覺的單獨覺醒，另一方面因爲後起者的守業精神[61]。這末一來，八種高級文化的表出，事實上和二十一種，或三十二種文化類型，其涵蓋量原是相等的。

在類型的另一方面，史賓格勒非常欣賞尼采（Fr. W. Nietzsche, 1844-1900）的分法，以爲西方傳統精神可以用阿波羅（Apollo）作代表，而當代精神則以浮士德（Faust）爲中心。而阿波羅所代表的傳統，是垂衣裳而天下治的景象，是坐享其成的象徵；而浮士德則不同，他要奮鬪，他不願接受傳統的恩賜，而要靠自己的努力，開創自己的前程。這可說是積極進取的文化模式，與守成保守的文化類型[62]。但是，進取的文化由於發展了文明，尤其是發展了世界都會，因而導引文化走向了末路[63]。

在文化的內涵上，史賓格勒以爲文化本身的物質性和俗世性，就包含了沒落的因果在內，文化本身的命運就是由春、夏、秋、冬的週期性，走進冬季，走向毀滅。而湯恩比的想法，則是無

[60] A. Toynbee, Op. cit. Vol. VII, pp. 44-45.
[61] O. Spengler, Op. cit. Band II, S. 598.
[62] 同上，Band I, S. 240-241.
[63] 同上，Band II, S. 666f.

論如何，文化和文明都會一直發展下去，固然也許由於人類的愚蠢，會自相殘殺，而走向毀滅，但是，亦可以由於精神的覺醒，而走向相親相愛的道路，而像一家人生活一樣。

這就開始進入「文化展望」的範圍。

五、文化展望

前面幾次提到，湯恩比的歷史觀比較樂觀，而史賓格勒的比較悲觀，可是，眞正問及人類前途的問題，亦即問及文化前途的問題時，樂觀與悲觀的心態，與事實的發展和客觀的認知，卻並不是一致的。

就湯恩比來說，對世界未來的發展，也說過，不然就是互相殘殺，乃至於令人類都毀滅，不然就是要像一家人一般地生活；當然，要挽救人類不致走向毀滅之途，最好就是要像一家人一般地生活，在積極上，就是要建立世界教會，要建立世界政府[64]。

史賓格勒對文化前途固然悲觀，但對個人則是樂觀的，以爲宗教情操足以使人的心靈突破對死亡的恐懼，而對永生懷以寄望。也就在文明極致的世界都會之中，個人宗教情操仍然是文化的救援[65]。

[64] A. Toynbee, Op. cit. Vol. IX, p. 560.
[65] O. Spengler, Op. cit. Band II, S. 1113f.

當然，在湯氏對文化展望的探討中，在積極方面，提出希臘模式和中國模式的綜合發展，以爲是未來文化最理想的形態㊱。主要的就是柏拉圖的理想國，與孔子的太平世構想，都是要建立世界政府，都是要世界人民都相親相愛的生活。

那末，顯然的，無論史賓格勒或湯恩比，都不喜歡戰爭，都以爲戰爭會導引人類走向沒落，會導致文化的衰亡㊲。所不同的是，史氏以爲世界都會必然會導致文化沒落，而湯氏則以爲未必。這原因就在於：史氏以爲文明必使文化趨向死亡，而湯氏卻以爲文明就是文化，二者並行不悖的。

其次，在歷史的盡頭，也就是人類有危險走向毀滅性的戰爭時，湯恩比以爲，此時需要上帝施以援手，應該出來給予啟示，因而他提出廿一世紀，如果人類尚未毀滅自己的話，就必須有「全教主義」以及「世界政府」的出現，融天下人爲一家，而再次復興文化與文明。但是，史賓格勒則認爲文化已經到了黃昏，已經到了冬季，人類祇能在永生的希望中超脫文明的束縛，而投入宗教信仰的懷抱。

湯恩比的這種樂觀想法，源自奧古斯丁的「上帝之城」，以爲上帝存在於整體人類歷史之中，因而，歷史的命定和自由，都操在上帝之手；「歷史是上帝的啟示」的想法，終究還是湯恩

㊱ A. Toynbee, Op. cit. Vol. VIII, pp. 143, 624,

㊲ 同上，Vol. IV, pp. 1-6,

比的信念；也因此，湯氏和史氏在這觀點上能够相通，以爲沒有宗教，社會才會敗壞，歷史才會被擾亂[68]。但是，祇要人類保有宗教信仰，依持上帝，人類前途仍是樂觀的。

奥古斯丁的自由意志體驗，仍是湯恩比的信念之一，人永遠有選擇的自由，因而，文化發展的走向光明，還是走向末路，都由人自己去決定，湯恩比並不相信命定論的見解。

可是，史賓格勒所經歷的第一次世界大戰，以及他對浮士德精神的研究，都覺得人類前途不太樂觀，文明所建立的世界都會，必然會引起人性的墮落，與精神的迷失。因而，人類在文化發展過程中，毫無自由可言，文化是命定要走向沒落的。

我們當然會同意史賓格勒的預言，祇要人類不再覺醒，一味沈醉於物慾享受之中；或是，對物質文明的過份追求，而引發戰爭，自相殘殺乃至於毀滅，就是湯恩比也承認這點。但是，人性覺醒的可能性，以及人類努力使仁愛代替出賣，從命運感走向使命感，不也正是人類的可能性之一嗎？一個人既然天生來，就有愛與被愛的可能性，同時亦有關懷與被關懷的可能性，那末，從家庭份子間的關愛，擴大到天下一家，使全人類都好像一家人一般地生活，不也是可能的嗎？祇要人類大家齊心合力，共同爲人類，爲世界建立和平與秩序，總不能說，沒有這個可能吧！

結論

[68] 同上，Vol. X, p. 236.

比較史賓格勒和湯恩比的學說，所觸及到的哲學問題，首先就是文化底層的知識問題，湯氏的歸納法，史氏的演繹法，如何能在文化哲學中交互運用，而能在歷史發展中，窺探出二種方法其實都在暴露西洋思想上的二元劃分，而這二元又是形而上和形而下之間的關係問題，在文化哲學的探討中，如何能肯定形而上爲指導原則，以及形而下爲實踐原則？這原本就是形上學問題。

無疑地，史氏與湯氏都能夠超越事實與事件的平面安排，而走向整體觀的立體的歷史哲學層面，同時，亦都能超越地界與國界，超越各種時空的束縛，而以整體人類，作爲研究和關懷的對象。湯氏天下一家的想法，不但符合了我國儒家天下爲公的原則，委實亦是世界未來唯一能夠生存的道路。目前世界種族的分歧，國界的確立，膚色的歧視，都在人與人之間，放置分裂的因素；要除去這些因素，也就唯有提倡全人類的統一，以人性的同一性，來促進人類的和平共處。

還有就是物質文明與精神文化的課題，雖然物質未必不好，精神學科亦不見得沒有毛病，但是，在文化發展途中，強調「視心重於物」的原則，總是利多弊少的；尤其精神生活中的道德提倡，藝術情調的提升，宗教情操的發揚，的確有益世道人心，對「天下一家」的理想，也比較能提供積極性的可行之道。

人類對文化的信念，無論是否同意湯恩比與史賓格勒的宗教見解，但是，總要相信自身的自由，總該對文化有信心，相信以自己的腦和手，可以替世界、替人類創造美好的未來；同時，無論在任何險惡的環境之下，都能把命運改變成使命感，而懷有黑夜之後就是白天的信念，不斷地努力，與所有的善心人士，肩並肩地奮鬪，開創更好的文化體系。

滄海叢刊已刊行書目(一)

書名	作者	類別
中國學術思想史論叢(一)(二)(三)(四)(五)(六)(七)(八)	錢穆	國學
國父道德言論類輯	陳立夫	國父遺教
兩漢經學今古文平議	錢穆	國學
先秦諸子論叢	唐端正	國學
湖上閒思錄	錢穆	哲學
人生十論	錢穆	哲學
中西兩百位哲學家	黎建球 鄔昆如	哲學
比較哲學與文化(一)(二)	吳森	哲學
文化哲學講錄(一)	鄔昆如	哲學
哲學淺論	張康	哲學
哲學十大問題	鄔昆如	哲學
哲學智慧的尋求	何秀煌	哲學
內心悅樂之源泉	吳經熊	哲學
語言哲學	劉福增	哲學
邏輯與設基法	劉福增	哲學
中國管理哲學	曾仕強	哲學
老子的哲學	王邦雄	中國哲學
孔學漫談	余家菊	中國哲學
中庸誠的哲學	吳怡	中國哲學
哲學演講錄	吳怡	中國哲學
墨家的哲學方法	鍾友聯	中國哲學
韓非子哲學	王邦雄	中國哲學
墨家哲學	蔡仁厚	中國哲學
中國哲學的生命和方法	吳怡	中國哲學
希臘哲學趣談	鄔昆如	西洋哲學
中世哲學趣談	鄔昆如	西洋哲學
近代哲學趣談	鄔昆如	西洋哲學
現代哲學趣談	鄔昆如	西洋哲學
佛學研究	周中一	佛學
佛學論著	周中一	佛學
禪話	周中一	佛學
天人之際	李杏邨	佛學
公案禪語	吳怡	佛學
佛教思想新論	楊惠南	佛學
不疑不懼	王洪鈞	教育
文化與教育	錢穆	教育
教育叢談	上官業佑	教育
印度文化十八篇	糜文開	社會
清代科舉	劉兆璸	社會
世界局勢與中國文化	錢穆	社會
國家論	薩孟武譯	社會
紅樓夢與中國舊家庭	薩孟武	社會

滄海叢刊已刊行書目（二）

書名	作者	類別
社會學與中國研究	蔡文輝	社會
我國社會的變遷與發展	朱岑樓主編	社會
開放的多元社會	楊國樞	社會
財經文存	王作榮	經濟
財經時論	楊道淮	經濟
中國歷代政治得失	錢穆	政治
周禮的政治思想	周世輔 周文湘	政治
儒家政論衍義	薩孟武	政治
先秦政治思想史	梁啓超原著 賈馥茗標點	政治
憲法論集	林紀東	法律
憲法論叢	鄭彥棻	法律
師友風義	鄭彥棻	歷史
黃帝	錢穆	歷史
歷史與人物	吳相湘	歷史
歷史與文化論叢	錢穆	歷史
中國人的故事	夏雨人	歷史
老台灣	陳冠學	歷史
古史地理論叢	錢穆	歷史
我這半生	毛振翔	歷史
弘一大師傳	陳慧劍	傳記
孤兒心影錄	張國柱	傳記
精忠岳飛傳	李安	傳記
中國歷史精神	錢穆	史學
國史新論	錢穆	史學
與西方史家論中國史學	杜維運	史學
中國文字學	潘重規	語言
中國聲韻學	潘重規 陳紹棠	語言
文學與音律	謝雲飛	語言
還鄉夢的幻滅	賴景瑚	文學
葫蘆・再見	鄭明娳	文學
大地之歌	大地詩社	文學
青春	葉蟬貞	文學
比較文學的墾拓在臺灣	古添洪 陳慧樺	文學
從比較神話到文學	古添洪 陳慧樺	文學
牧場的情思	張媛媛	文學
萍踪憶語	賴景瑚	文學
讀書與生活	琦君	文學
中西文學關係研究	王潤華	文學
文開隨筆	糜文開	文學
知識之劍	陳鼎環	文學
野草詞	韋瀚章	文學
現代散文欣賞	鄭明娳	文學

滄海叢刊已刊行書目㈢

書名	作者	類別
藍天白雲集	梁容若	文學
寫作是藝術	張秀亞	文學
孟武自選文集	薩孟武	文學
歷史圈外	朱桂	文學
小說創作論	羅盤	文學
往日旋律	幼柏	文學
現實的探索	陳銘磻編	文學
金排附	鍾延豪	文學
放鷹	吳錦發	文學
黃巢殺人八百萬	宋澤萊	文學
燈下燈	蕭蕭	文學
陽關千唱	陳煌	文學
種籽	向陽	文學
泥土的香味	彭瑞金	文學
無緣廟	陳艷秋	文學
鄉事	林清玄	文學
余忠雄的春天	鍾鐵民	文學
卡薩爾斯之琴	葉石濤	文學
青囊夜燈	許振江	文學
我永遠年輕	唐文標	文學
思想起	陌上塵	文學
心酸記	李喬	文學
離訣	林蒼鬱	文學
孤獨園	林蒼鬱	文學
托塔少年	林文欽編	文學
北美情逅	卜貴美	文學
女兵自傳	謝冰瑩	文學
抗戰日記	謝冰瑩	文學
給青年朋友的信	謝冰瑩	文學
孤寂中的迴響	洛夫	文學
火天使	趙衛民	文學
無塵的鏡子	張默	文學
大漢心聲	張起鈞	文學
回首叫雲飛起	羊令野	文學
累廬聲氣集	姜超嶽	文學
實用文纂	姜超嶽	文學
林下生涯	姜超嶽	文學
韓非子析論	謝雲飛	中國文學
陶淵明評論	李辰冬	中國文學
文學新論	李辰冬	中國文學
分析文學	陳啓佑	中國文學
離騷九歌九章淺釋	繆天華	中國文學
苕華詞與人間詞話述評	王宗樂	中國文學
杜甫作品繫年	李辰冬	中國文學
元曲六大家	應裕康 王忠林	中國文學
詩經研讀指導	裴普賢	中國文學

滄海叢刊已刊行書目㈣

書名	作者	類別
莊子及其文學	黃錦鋐	中國文學
歐陽修詩本義研究	裴普賢	中國文學
清眞詞研究	王支洪	中國文學
宋儒風範	董金裕	中國文學
紅樓夢的文學價値	羅盤	中國文學
中國文學鑑賞舉隅	黃慶萱 許家鶯	中國文學
浮士德研究	李辰冬譯	西洋文學
蘇忍尼辛選集	劉安雲譯	西洋文學
印度文學歷代名著選	糜文開	西洋文學
文學欣賞的靈魂	劉述先	西洋文學
現代藝術哲學	孫旗	藝術
音樂人生	黃友棣	音樂
音樂與我	趙琴	音樂
音樂伴我遊	趙琴	音樂
爐邊閒話	李抱忱	音樂
琴臺碎語	黃友棣	音樂
音樂隨筆	趙琴	音樂
樂林蓽露	黃友棣	音樂
樂谷鳴泉	黃友棣	音樂
樂韵飄香	黃友棣	音樂
水彩技巧與創作	劉其偉	美術
繪畫隨筆	陳景容	美術
素描的技法	陳景容	美術
人體工學與安全	劉其偉	美術
立體造形基本設計	張長傑	美術
工藝材料	李鈞域	美術
都市計劃概論	王紀鯤	建築
建築設計方法	陳政雄	建築
建築基本畫	陳榮美 楊麗黛	建築
中國的建築藝術	張紹載	建築
現代工藝概論	張長傑	雕刻
藤竹工	張長傑	雕刻
戲劇藝術之發展及其原理	趙如琳	戲劇
戲劇編寫法	方寸	戲劇